...일러두기...
1. 시·노래·영화·방송 프로그램은 「 」로, 단행본·잡지는 『 』로 표기했습니다.
2. 이 책에 쓰인 인용문은 저작권자의 동의를 얻어 수록했습니다. 저작권자를 찾지 못한 경우는 저작권자가 확인되는 대로 정식 동의 절차를 밟겠습니다. 허락해주신 모든 분들께 감사드립니다.

바나나
우유

그리움으로 찾아낸 50가지 음식의 기억

김주현 지음

앨리스

 이야기를 시작하며

1.
동네 목욕탕의 지옥 같은 열탕에 들어갔다가
나를 기다리는 전투적인 엄마에게 붙들려
살이 홀라당 까지도록 때를 밀리고
눈에 들어간 비누 거품을 겨우 참아가며 머리까지 감고 나면
벌게진 얼굴로 뜨거운 목욕탕을 탈출할 수 있었다.

그 고통의 시간을 견디고 나면
목욕탕 안 냉장고 앞에 서서 원하는 음료수를 고를 수 있는 시간이 주어졌다.
나는 단 1초의 머뭇거림도 없이 바나나 우유를 집었다.
빨대를 꽂아 한 모금 쭈욱.
기분 째지게 좋은 그 순간.
바나나 우유를 빨아먹으며 목욕탕을 나서면
찬 공기가 아직도 벌겋고 뜨거운 볼에 와 닿는다.
그 상쾌하고 날아갈 듯한 기분.

2.

얼굴 벌게지도록 열탕 같은 하루를 보낸 날이면

지금도 바나나 우유를 마신다.

살이 홀라당 벗겨질 것 같아도, 이 시간들도 모두 지나가는 거다,

눈에 비누 거품이 들어간 것처럼 괴로운 시간들도 모두 지나갈 거다,

그렇게 중얼거리면서.

3.
열탕 같은 날들 속에 반짝반짝 노랗게 빛나는 바나나 우유 같은 존재들.

무릎베개를 베고 있으면 귓밥을 파주던 아빠 냄새, 짧고 아련한 풋사랑,
푸른 바람 냄새 나는 여행, 잘 개킨 속옷, 후루룩 차진 면발……

그런 작고 작은 것들.
그런 작고 작은 것들을 기억한다.
열탕 같은 날의 바나나 우유 같은 것들.

대단한 것들이 아니라
그깟 작은 것들이야말로 오늘을 지탱해주는 힘이니까.

Contents

이야기를 시작하며　　　　　　　　　　　　　004

가족

우리는 식구입니다_ 탕수육과 비프가스　　　　012
아랫목, 담요, 그리고 만화책의 향연_ 산두릅과 호두밥　　018
시간의 나이테_ 바움쿠헨　　　　　　　　　027
늙어가는 엄마 옆에서 드라마를 보다_ 부추샐러드　　032
넌 나의 자랑이야_ 빨간 소시지 달걀말이　　　039
슬픔은 마주 봐야 헤어질 수 있는 것_ 냉면　　044
사는 게 참 궁색하다_ 오차즈케　　　　　　053
곁에 있어줘서 고마워_ 상추　　　　　　　058
갓 지어진 밥 같은 행복_ 버섯밥과 연어덮밥　　063
내 인생은 왜 이 모양이죠_ 명태　　　　　　068
삶은 누구에게나 쉽지 않다_ 브로콜리 스프　　073
지상의 행복한 방 한 칸_ 만두　　　　　　　080

사랑

가시 속에 숨다_ 성게알밥과 성게보말죽　　　092
도둑고양이와 길고양이_ 고양이밥　　　　　097
사랑에 빠지지 못하는 지병_ 파에야　　　　103
알덴테, 타이밍이 중요해_ 봉골레 파스타　　110
풋_ 크렘브륄레　　　　　　　　　　　　　116
외사랑_ 초콜릿　　　　　　　　　　　　　120
누군가 기다려진다는 것_ 캐러멜　　　　　125
지금 곁에 있으면 얼마나 좋을까_ 홍시와 곶감　　131
그럼, 잘 있어_ 인도식 차이　　　　　　　136
어떻게 사랑이 변하니?_ 벚꽃차　　　　　140
하루치 사랑_ 브릿헨　　　　　　　　　　146
밤에 쓰는 편지 아침에 쓰는 편지_ 북엇국　　150
그런 사람 있으면 좋겠습니다_ 크루아상　　154

말랑말랑한_ 엘비스 프레슬리 토스트 164
검고 음습한 절망_ 소주 169
로스팅을 하다_ 더치커피 173
가슴이 콱 막힐 때_ 평양식 냉면과 물회 177
겨우 그깟 것_ 토마토와 치즈 182
도저히 끝날 것 같지 않은 길 위에서_ 맥주 거품 187
몸속의 슬픔을 증발시키는 법_ 홍차 191
거절당한다는 것, 익숙해지지 않는 것_ 튀김 197
오늘은 나에게 호의적이지 않다_ 베이글 202
매일매일_ 화덕 피자 207
잘 있나요, 어제의 당신에게_ 돈코쓰 라멘 213

내 인생에게 너무 미안하잖아_ 아다지오 파스타 222
언젠가, 이 말은 말자_ 오이 샌드위치와 에그샌드위치 228
떠날 수 없는 날, 잊을 수 없는 날_ 완탕면 232
흠뻑 빠지기_ 흰 눈 빙수 237
차마 가지 못한 길, 차마 하지 못한 말_ 바게트와 치즈 243
정독도서관 등나무 아래서_ 아이스티 252
유머나 위트가 증발된 콘크리트 같은 삶에게_ 레모네이드 255
아무렇지 않은 날의 여행_ 카레 260
사소한 하루_ 아삼과 얼그레이 266
소풍 끝내는 날_ 손가락 김밥과 삼각김밥 271
묘비 앞에서_ 물 275
아침부터 울음을 참는 날_ 아포가토 280
부치지 못한 편지, 나는 잘 있어요_ 캠핑장 커피 286
우리 즐거웠지?_ 가니슈 290

『바나나 우유』와 함께한 책들 295

Family
가족

새벽부터 일이 끊이질 않았지만 끼니마다 밥해주고, 간식 챙겨주는 것을 빠뜨리지 않았던 엄마.
주말이면 아빠께 가게를 맡겨두고 집으로 올라와 전기 찜기에 카스텔라를 만들어주기도 하시고, 번거롭고 번거로운 탕수육을 튀겨주기도 하셨다. 달달한 냄새가 집 안에 퍼질 때면 네 남매의 놀이는 더욱 흥이 올랐다. 조금 있으면 그 냄새가 우리를 부를 것이기 때문이었다. 지금처럼 맛있는 과자도 많지 않았던 그때, 간장과 참기름에 밥을 비벼 먹고, 달걀이라도 들어갔다 하면 진수성찬이 됐던 그때, 엄마는 쌈짓돈을 크게 털어 별미를 만들어주셨다.

둥근 밥상에 앉아 네 마리의 새끼 병아리들은 입을 오물오물거려가며 엄마가 만들어주신 보들보들한 카스텔라를 먹었고, 지글지글 튀겨진 탕수육에 걸쭉한 소스가 부어지는 것을 보며 침을 꼴딱꼴딱 삼켰다. 그 좁고

°013

좁은 부엌의 둥근 밥상에서 우리는 '식구'임을 확인했다.
나이가 들고 서로들 각자의 삶에 바빠지면서 예전처럼 자주 둘러앉지는 못하지만, 그 둥근 밥상은 맛있는 것을 눈앞에 둘 때마다 서로를 떠올리게 하는 '식구'로 우리를 묶어주었다.

식구란 사진관에서 박은 가족사진 속 얼굴들처럼 모두 그렇게 행복하고 단란하지만은 않다. 알콩달콩 행복하게만 지내는 가족은 사실 현실에서는 존재하지 않는지도 모른다.
그건 동네 사진관 사진 액자 속에 있고 거실 벽 가족사진 속에나 있는 건지도 모른다. 한솥밥 먹으며 밥알 튀게 싸우다가 다시 밥숟갈 위에 노란 달걀말이 하나 얹어주며 가족은 가족이 된다.
죽도록 미워하다가 진저리치게 소름끼쳐 하다가 가슴 쥐어뜯게 가련해 하다가 서로 긁고 생채기를 내며 관계의 모든 롤러코스터 같은 곡예를 다 지나서야 비로소 가족은 그리운 가족이 된다.

고만고만한 네 남매가 함께 자랄 때는 하루도 싸움 없는 날이 없었다. 아침에는 첫째와 둘째, 오후에는 셋째와 넷째, 저녁에는 첫째와 셋째…… 우리의 싸움 조합은 무한대였으니까. 그때는 "나 외동딸이야"라고 말하는 친구가 얼마나 부러웠는지. 하지만 엄청난 격전의 시간을 거쳐 나이가 들고 보니, 식구는 가장 오랜 친구가 되어 있었다.

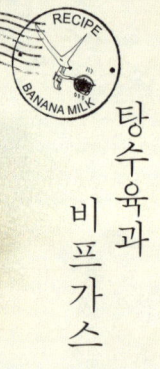

탕수육과 비프가스

어린 시절, 모이 먹듯 받아먹은 탕수육을 나이 드신 엄마에게 해드릴 재주는 없어도 엄마 손 꼭 잡고 탕수육 먹으러 갈 만큼 크기는 했다. 제 아무리 맛난 것들이 세상에 계속 얼굴을 들이밀어도 추억의 음식 탕수육을 이겨낼 재간은 없다. 바삭하고 고소하며 달콤한, 그리고 추억으로 버무려지기까지 한 탕수육은 언제나 환영받는다. 물론 그 시절만큼 설레며 먹지는 않지만, 흔하고 흔한 것이 중국집이고, 중국집마다 있는 것이 탕수육이지만, 맛있는 녀석을 만나기란 쉽지 않다.

모험하지 않고 안전하게 맛있게 먹고 싶을 때 찾는 곳은 서대문구의 목란. 스물두 살부터 타이완 대사관 최연소 조리장으로 8년이란 세월을 근무했다는 주방장은 어릴 적부터 아버지가 요리하는 모습을 보며 자랐다고 했다. 한길만 걸어온 요리사가 만들어준 수제 군만두도 맛나지만, 역시 탕수육이 제일이다. 바삭하면서 쫄깃한 그 묘한 식감. 두툼하게 썬 고기에 바삭한 튀김옷까지, 언제 먹어도 맛있다.

짬뽕 명가라 불리는 홍대의 중국집 '초마', 그곳의 탕수육도 실하다. 두툼한 고기에 바삭하기보다는 쫄깃한 튀김옷이 특징이다. 바삭하고 달콤한 어릴 적 탕수육 맛은 아니지만, 좋은 고기로 갓 튀겨낸 탕수육을 이 집의 얼굴인 불맛 나는 짬뽕 한 그릇과 함께 먹으면 또 한나절이 즐겁다.

탕수육과 함께 우리를 흥분시켰던 음식, 돈가스와 비프가스. 메뉴판에 '돈까스, 동까스, 비프까스, 비후까스'처럼 다양하게 표기되어 있었던 이 음식은 탕수육보다 우리를 좀 더 그럴 듯한 기분에 빠지게 해줬다. 처음 아빠가 데리고 간 경양식집에서 화학조미료 가득한 콘수프 한 그릇에 흐물흐물 녹아내리던 마음, 나이프와 포크를 들고 칼질을 하며 으쓱해지던 기분, 고기 위의 흥건한 소스와 통조림 콩과 옥수수, 장식용 파슬리만으로도 신분 상승의 기분을 맛보게 해주던 경양식 요리들. 엄마와 함께 추억을 요리하는 서양식당을 찾아 비프까스 한 접시를 대접해드려야겠다.

Family
아랫목, 담요,
그리고 만화책의
향연

긴긴 겨울방학 동안 우리 네 남매의 즐거움은 따뜻한 온돌에 엉덩이를 붙이고 만화 삼매경에 빠지는 것이었다. 어느 세대나 부모님들은 만화책이 가진 긍정의 힘을 인정하지 않았기에 만화책 읽기는 엄마의 삼엄한 감시를 뚫어야 가능했다. 네 남매 중 셋째인 나는 만화책 비밀 운반 책임자였다. 아홉 살은 그런 직책을 맡기에 충분한 나이였으니까. 게다가 나는 우리 부모님의 무한 신뢰를 한 몸에 받는 아이였다.

만화책 운반을 위해 우선 커다란 가방을 메고 집을 나선다.
1층에서는 부모님이 가게를 하시고 2, 3층을 살림집으로 썼기 때문에 부모님의 시선을 피해 외출하는 게 무척 어려운 구조였다. 다행히 가게는 바빴고, 집을 나가는 일은 대체로 수월했다. 문제는 만화책을 가방 안에 가득 넣어 집으로 무사히 들어오는 것. 부모님의 시선을 피해 1층 가게를 지나 2층 집으로 올라가려면 다람쥐보다 날렵한 몸놀림이 필수였다. 운반 책임자에게는 혹시라도 걸렸을 때를 대비해 침착함을 잃지 않는 대범함과 태연한 연기력도 필요했다. 권력자인 첫째, 둘째와 아직 불온서적 운반 담당자가 되기에는 한글조차 제대로 떼지 못한 막내는 지글지글 끓고 있는 온돌방에 담요 한 장을 깔고 무사히 만화책이 배달돼 오기만을 기다렸다.

신청받은 목록대로 만화책을 빌리고 과자 몇 봉지 사고 나면 커다란 가방이 금세 불룩해졌다. 너무 불룩해지면 부모님의 불심검문에 걸릴 수 있으니 적당히 조절하는 것도 운반 책임자의 몫이었다.
모든 준비를 마치면 마지막으로 막 튀겨낸 핫도그를 담은 종이봉투를 안고 잽싸게 집으로 달려갔다. 자금이 두둑한 날이면 떡볶이와 튀김까지 공수해갈 수 있었다.

처음 만화책을 운반할 때는 너무 떨려서 몇 번씩이나 가게 앞을 오가야 했지만 시간이 지나자 차차 익숙해졌다. 오히려 태연하게 거짓말을 하는 것이 훨씬 안전하다는 사실도 그때 알았다.

가게 앞은 최대한 느릿느릿 걸어서 지나쳤고 집으로 들어가는 계단은 빛의 속도로 뛰어올라갔다. 그러면 나를 초조하게 기다리던 나머지 형제들의 빛나는 웃음이 기다리고 있었다. 깔아놓은 담요 밑으로 모두 두 발을 쭉 뻗고 빌려온 만화책을 담요 밑에 깔아둔다. 엄마는 종종 불시에 방문

Family

을 열고 들어와 "너희 숙제 안하냐?"라든가 "귤 먹어라" 하고 귤이 담긴 봉지를 던져주셨기 때문이다. 문소리에 허겁지겁 만화책을 처리하다간 현행범으로 잡히기 십상이다. 안전하게 담요 밑에 만화책을 깔아놓고 한 권씩 꺼내 읽다가 문이 열리는 소리와 동시에 재빠르게 처리하는 요령이 필요했다. 우리는 마치 담요를 덮고 도란도란 이야기꽃을 피우고 있는 형제애 깊은 남매로 보였을 것이다. 엄마는 그 모습에 늘 흐뭇해하셨다.

어쨌든 형제들 간에도 서열이라는 것이 있으니 첫 권의 개시는 언제나 첫째가 한다. 그럼 나머지는 차례대로 2권부터 4권까지를 잡고 있는 거다. 설탕 묻힌 핫도그를 야금야금 잘라 먹으며 과자봉지 하나씩 옆에 끼고 부지런히 과자를 입으로 옮기며 읽던 만화책의 맛은 그 어떤 산해진미보다 일품이었다.

그런 만화가 시들해진 것은 고등학생이 된 즈음이었나. 시들해진 만화 애정을 다시 불사른 것은 보기만 해도 군침 도는 요리 만화들이었다. 그 안에서는 와삭와삭 와사삭, 음, 헉, 학, 뜨악~ 뭐, 이런 감탄사가 연타로 쏟아져 나오고, 현실에서 정말 맛볼 수 있을까 싶은 맛의 극치가 묘사되며 절대미각 고수들의 무림이 펼쳐진다. 그 맛의 무림 속에서 나는 또 한참을 행복해했다.

따뜻한 방 안 이불 속에 앉아 만화책을 읽다 보면 나는 다시 그 어리고 여린 시간들 속으로 들어간다. 그러면 그때의 엄마와 아빠, 그리고 형제들이 살포시 떠오른다.

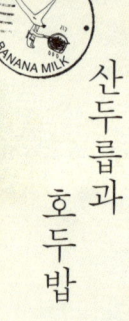

산두릅과 호두밥

『리틀 포레스트』라는 만화를 보다가 마침 먹고 싶어진 음식이다.

1.

어떤 날의 아침밥

> 산두릅은 초록색과 빨간색이 있는데 초록색이 더 맛있다. 줄기 아래 하얀 부분은 선명한 향과 희미하게 단맛이 나는 게 아주 최고다. 조금 자란 두릅이라도 옆에 난 싹을 떼어내면 튀김 등에 충분히 사용할 수 있다.
>
> _이가라시 다이스케, 『리틀 포레스트』

일본 도호쿠 산간 지방의 고모리 마을. 세상에서 제일 맛있는 만찬이 차려지는 곳. 도시 처자 이치코는 흙냄새 나는 작은 마을 고모리에서 새로운 삶을 시작했다.

톡톡 따다다다다다다다. 시끄러운 새소리가 아침을 깨우는 고모리 마을. 아침 해를 받고 땅에서 증기가 올라오면 그녀는 밭을 돌아보면서 너무 건조하진 않은지, 벌레는 안 먹었는지 살펴본다. 그 일과가 끝나면 아침 밥상을 준비한다. 시금치와 무, 당근은 아직 먹기에 이르지만, 엄마가 옮겨 심은 산두릅이 꽤 많이 자랐다. 그리고 민트와 크레송까지. 주변에서 자라는 산채들이 식탁의 주역이 된다.

그녀의 오늘 아침밥은 두릅과 민트 튀김. 부글부글, 지글지글. 달걀 프라이도 하나 부치고, 소금과 후추를 친 후, 크레송에는 마요네즈를 뿌려 어제 구운 바게트에 끼워 "잘 먹겠습니다" 인사하고 툇마루에 앉아 맛있는 식사를 즐긴다.

2.
호두밥

우리 집에서는 벼 베기 할 때 점심으로 호두밥을 먹는다. 계곡을 따라 떨어져 있는 호두를 동물들과 경쟁하면서 주워 모은다. 햇호두 맛을 보기 위해서다.

_이가라시 다이스케, 『리틀 포레스트』

주워온 호두를 마당 한쪽에 묻어 표피가 까맣게 썩으면 깨끗하게 씻은 후

망에 넣고 말려두면 몇 년간을 저장할 수 있다. 먹을 때는 수건에 감아서 쇠망치로 '아드득' 깨서 밀대로 잘 으깨어 페이스트 상태로 만든 후 씻어놓은 쌀에 섞고 술과 간장으로 간을 하고 밥을 짓는다. 향도 진하고 감칠맛이 나는 호두밥.

시간의 나이테

엄마 몸에 밴 억척스러움처럼 몸에 시간의 나이테가 그려진다.
살아온 흔적.

엄마의 열아홉 살 사진을 보았다. 참 예쁜 열아홉의 그 소녀는
어떤 꿈을 꾸고 있었을까? 머리에 잔뜩 포마드 기름을 바르고
선글라스까지 낀 멋쟁이 총각, 아빠의 사진도 보았다.
이 두 사람이 그 푸른 나이에 만났구나.

그 푸른 나이에 만난 엄마, 아빠는
우리 네 남매를 낳아 시장에서 길렀다.

매일 싸우는 소리가 끊이지 않는 시장에서
눈을 뜨고 눈을 감고, 밥을 먹고, 웃고 울며 자랐다.

시장은 언제나 시끄러웠다.
아줌마들은 왁자지껄 어젯밤 드라마 얘기며,
아이들, 남편 얘기로 아침을 시작했다가도 점심시간이 지나가면
서로 손님을 뺏기지 않으려고 으르렁거리며 싸웠으니까.
노점상 아주머니들과 시장 관리소 아저씨들이 싸우고,
노점상끼리 자리싸움을 하며 싸우고. 밤이면 집으로 들어간
아줌마 아저씨들은 집에서도 으르렁거리며 아이들을 혼내고
서로 싸우고 했다. 시장 사람들은 그래서 모두 목소리가 컸다.
그 소리가 힘겨워지면 나는 캄캄해진 옥상에 올라가서
오랫동안 하늘을 보며 서 있곤 했다.
그러면 또다시 늦은 밤, 좌판을 걷어차는 관리소 아저씨들과
노점상 주인들의 싸움소리가 옥상으로 올라온다.
나는 아저씨들에게 분개하면서 태권도를 배우고 말겠다고
다짐하기도 하고, 두 손으로 귀를 막고 노래를 부르기도 했다.

그렇게 혈기왕성하게 싸우던 아줌마, 아저씨 들은
이제 기력이 쇠한 노인들이 되어간다.
거친 세상을 살아가느라 크고 사나워진 목소리가
그땐 너무 무섭고 싫었지만
지금은 그 소리도 가끔씩은 정겹고, 가끔씩은 슬프다.

우리 엄마의 열아홉 살 단발머리 사진처럼
그분들에게도 여리고 순한 시간들이 있었을 텐데.
그분들의 목소리도 사분사분하고, 낭랑한 시절이 있었을 텐데.

열아홉 살의 엄마는 어떤 꿈을 꾸었을까?

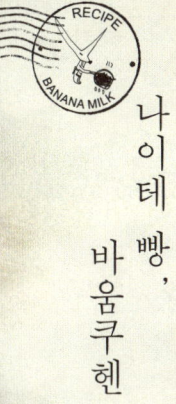

나이테 빵, 바움쿠헨

빵집에 들렀을 때 이 나이테처럼 생긴 빵을 한참을 보고 서 있었다. 나이테가 선명한 나무 모양의 빵. 나중에야 그것이 바움쿠헨이란 걸 알았다. 바움은 나무, 쿠헨은 과자라는 뜻이란다. 독일에서 만들기 시작한 독일 빵이다. 달걀·버터·설탕·밀가루·향료 등을 섞어 반죽하고 얇게 밀어 얇게 밀어 심대에 감으면서 구워낸다. 구워낸 반죽에 새 반죽을 감아 굽고 다시 감아 굽는 과정을 반복하면 두툼한 나무 모양이 된다. 다 구워낸 후에 자르면 나이테처럼 여러 층으로 돼 있는 걸 볼 수 있다. 독일 빵가게에서는 커다란 바움쿠헨을 세워두고 손님이 원하는 대로 잘라 무게를 달아서 준다고 한다. 마치 정육점에서 고기를 끊어주듯이 말이다. 그런 정겨운 모습을 상상하며 바움쿠헨을 사기 위해 빵집에 갔다. 아쉽게도 그런 풍경은 삭제되고, 매끈하게 포장된 상자 속에 담겨 있는 바움쿠헨만을 볼 수 있을 뿐이다. 그래도 한 켜 한 켜 공을 들여 만들었을 빵. 내 나이 속에도 그렇게 공 들여 산 흔적이 남으면 좋겠다.

Family
늙어가는 엄마 옆에서 드라마를 보다

1.

억척스러움으로 살아남아야 했던 엄마도 이제 나이가 꽤 드셨다.
엄마는 가게 문을 닫고 밤늦게 돌아와 거실에 앉아
속옷만 걸친 채 드라마를 본다.
무심한 눈으로 드라마를 보는 엄마의 몸은 흐물흐물해져 있다.
세월이 녹아내린 듯 흐물흐물해진 살은 외롭다.
외로움이 켜켜이 밴 듯한 몸뚱이. 이제 엄마도 육순이 넘었다.

엄마의 흐물흐물해진 팔뚝을 주물럭대며
엄마에게 안겨 같이 드라마를 본다.

엄마가 좋아하는 드라마는 빤하고 느슨하다.
몇 십 년째 같은 내용이 주인공들만 바꿔가며 중언부언하고 있다.

비슷한 대목에서 흥분하고, 비슷한 대목에서 웃고,
비슷한 대목에서 운다.

나는 그런 드라마를 보면서 엄마와 같이 웃고 운다.
흐물흐물 살이 녹아내리는 사랑을 받았어도
내가 할 수 있는 건 고작 이런 거밖에 없으니까.
늙어가는 엄마 곁에서 함께 드라마를 보는 것.

내게 언제나 크고 시원한 그늘이 되어준 엄마 나무 옆에서
나는 흐물흐물해진 엄마의 나무껍질을 조물조물해댄다.

2.
엄마는 오랫동안 고향 냄새를 맡지 못하고 살았다.
고향에 내려가면 열두 살의 어린 엄마를 버리고 떠난 할머니가 그리워질
까 애써 고향을 등진 채 살아오셨던 거다.
후각이 있음에도 후각을 상실한 사람처럼 포항의 냄새, 엄마와 살 부비고
살았던 냄새를 일부러 맡지 않으려고 안간힘을 쓰기라도 한 듯 고향에 내
려가지 않았다. 그렇게 냄새의 공허 속에 한평생을 살았다.
한번 맡으면 무너질까봐, 한번 맡으면 저 밑에서부터 치고 올라오는 그리

움에 진저리칠까봐, 엄마는 차마 고향에 내려가보지 않은 건지도 모른다.

일 때문에 포항에 가게 된 적이 있다. 포항에 간다는 얘기를 들은 엄마는 내게 포항 죽도시장의 콩잎을 부탁했다. 나보다 콩잎을 더 기다린 듯 엄마는 콩잎을 받아들자마자 밥상을 차렸다.
"콩잎은 잘 삭혀야 돼서 아무나 못해. 니는 아마 못 먹을 거야."
죽도시장 아주머니가 꽁꽁 싸매준 봉지를 끄르자 훅 코를 찌르는 삭힌 냄새가 올라왔다. 처음 접하는 삭힌 음식들이 으레 그렇지만, 고약했다. 신통하게도 삭힌 음식의 묘한 매력은 처음에는 고약스럽지만, 일단 서서히 맛을 들이면 빠져나올 수 없는 곰삭힌 늪으로 변한다. 엄마는 그 늪에 빠진 사람이었다.
벌써 두 그릇째. 콩잎에만 싸 먹는 밥이 두 그릇째다. 다른 반찬은 올려놓지도 않고 달랑 콩잎 한 접시에 밥. 그걸 엄마는 숨도 안 쉬고 먹었다. 포항은 어땠냐, 물어볼 틈도 없이.
"숨 좀 쉬며 먹어, 물도 마시고."
그 쿰쿰한 냄새가 맛있어 죽겠다는 듯이 투두둑 엄마 얼굴은 삐져나오는 행복으로 뜯어질 지경이다.

앤서니 보뎅이라는 미국의 한 요리사는 어느 날 최고의 한 끼를 찾아 세계를 여행하기 시작했다. 짐승의 썩은 시체를 찾아다니는 사악한 독수리 떼

036°

Family

처럼 그는 세계 구석구석을 맛봤다. 포르투갈에서 난생 처음 돼지 멱을 딴 후 바비큐 만찬을 즐기고 양의 생식기를 먹기도 하고, 요리에 관한 한 조금의 군더더기나 잡동사니도 용납지 않는 스페인 일류 요리사들의 환상적인 음식까지, 종횡무진 세계의 저 밑바닥부터 훑어가며 먹어댔다. 사실 그는 여행을 떠나기 전부터 알고 있었다. 세상에서 제일가는 한 끼란 사실 진귀한 재료나 요리사의 솜씨로 이뤄지는 게 아니란 걸. 언제나 사람들이 최고의 한 끼를 꼽을 때면 추억이 가장 강력한 힘을 발휘하게 돼 있다는 걸 말이다.

먹을 거라곤 삭힌 채소 이파리가 전부였던 밥상 앞에서 유년을 보낸 엄마에게 지금 콩잎은 최고의 한 끼다. 콩잎의 쿰쿰한 냄새 속에 엄마의 행복한 기억들을 휘저을 냄새 한 줄기 맡을 수 있다면, 그것으로 나는 오늘의 일용할 효도를 다한 셈이겠지. 저 그리운 음식을 먹었으니, 한동안 엄마는 허기에 시달리지 않을 듯하다.

그러고 보니 엄마가 콩잎을 저토록 좋아한다는 걸, 서른이 훌쩍 넘어서야 알았다.
엄마는 어떤 음식을 좋아하는지, 어떤 색의 옷을 입고 싶어하는지, 살아생전에 어떤 여행을 꿈꾸는지, 참 아는 게 없구나, 하는 것도 서른이 훌쩍 넘어서야 알았다.

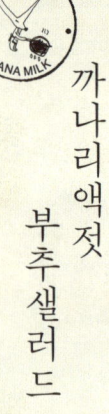
까나리액젓 부추샐러드

1.

삭는다는 건 음식물이 발효돼 맛이 드는 것.
때때로 어떤 사랑은 시간이 지나고 세월이 흘러도 부패되지 않고 삭혀진다.
잘 삭혀져서 곰삭은 사랑의 맛은 세월을 함께한 귀한 맛이다.
곰삭다. 사랑에 붙일 수 있는 '곰삭다'는 수식어는 아마 긴 세월을 함께 지내온 늙은 노부부의 사랑에 붙일 수 있는 그런 거겠지.

2.

잘 삭은 재료를 요리에 곁들이면 음식의 깊이가 달라진다. 삭혀서 맑게 걸러낸 까나리액젓이나 멸치액젓을 넣고 쓱쓱 무쳐 먹는 부추샐러드 한 접시. 혈기왕성한 부추를 살짝 눌러주듯 삭힌 액젓에 고춧가루, 매실 진액 약간만 넣어 무쳐도 입맛 돋우기에 좋은 샐러드가 완성된다.

넌 나의 자랑이야

김치쪼가리와 멸치조림으로 점철돼 있던 도시락의 역사는 우울했다.

"넌 또 멸치야? 맨날 반찬이 똑같아!"
친구의 공격적인 발언에 자존심이 팍팍 구겨지던 시절.

엄마는 하루 네 시간도 잘 틈 없이 가게 일을 하고, 우리를 돌봐야 했기에 매일 반찬을 바꿔줄 만큼 여유가 있지는 못했다. 그걸 알면서도 반찬 뚜껑을 열 때면 심통이 몰려들었다.

어느 날, 어김없이 퀴퀴한 냄새를 예상하며 도시락 뚜껑을 열었을 때 김치와 멸치 대신 들어 있던 노란 달걀말이와 비엔나소시지.
당당히 반찬통을 책상 가운데로 들이민 어깨에는 힘이 바짝 들어갔다.
내 어깨에 힘을 실어주던 그 빛나던 것들.

누군가의 어깨에 힘을 실어주는 일은
어쩌면 그렇게 대단한 일이 아니어도 되는 건지 모르겠다.

그저 노란 달걀말이와 비엔나소시지 같은 게 아닐까 싶다.
누군가 내 마음을 알아주는구나,
나를 생각해주는구나, 하는 안도감 같은 거.

"네가 최고야. 엄마는 항상 네 편인 거 알지? 넌 엄마의 자랑이야."

이런 말 같은 거. 평소에는 김치와 멸치 같은 잔소리만 해대도, 어쩌다 한 번씩 비엔나소시지와 달걀말이 같은 이런 말을 해줄 때면 내 어깨엔 으쓱

Family

하고 힘이 들어갔으니까.

어른이 돼도, 가끔 그런 응원이 그립다.
이제 늙어버린 엄마도, 평생 그런 응원 한번 제대로 못 받은
엄마도 그런 응원이 그립지 않을까.
"난 엄마가 제일 좋아."
뭐, 이런.

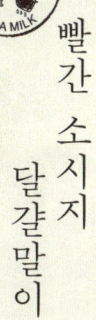 

빨간 소시지 달걀말이

엄마가 내게 숱하게 싸줬던 도시락, 한번쯤 엄마에게 싸드리면 어떨까 생각했다.

특급 반찬 달걀소시지 부침은 꼭 들어가야겠지. 먼저 소시지를 동그랗게 썰고 달걀을 풀어 소금을 넣어 달걀물을 만들어놓는다. 소시지에 달걀옷을 입히고 달군 팬에 기름을 두르고 중간불에서 노릇노릇하게 지져내기. 이때 소시지는 옛날 소시지, 밀가루 함량이 고기 함량보다 더 높은 촌스러운 맛의 소시지가 좋겠다.

신 김치를 잘게 썰어 들기름에 달달 볶아 설탕과 통깨를 솔솔 뿌려 만든 김치볶음도 곁들이자. 밥 위에는 달걀 프라이도 한 장 얹어야겠지. 도시락 뚜껑을 열었을 때 그 빛나는 노란 달걀이 얼마나 반가웠는지도 말씀드려야 하니까.

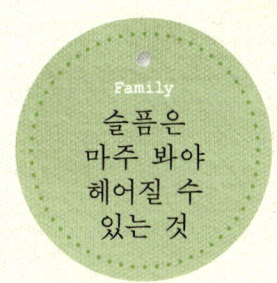

Family
슬픔은
마주 봐야
헤어질 수
있는 것

1.

어릴 때 늘 냄비 하나를 달랑달랑 들고 동네를 달렸던 기억이 난다. 아빠는 물냉면 맛있는 '실비집'으로 비빔냉면 잘하는 '골목냉면'으로, 보쌈 김치가 끝내주는 '은성보쌈'으로, 국물이 뽀얀 두꺼비 '설렁탕집'으로 냄비 하나를 챙겨 나를 심부름 보내셨다. 딱 1인분씩.

그 맛있는 음식을 냄비에 담아 쏟아질 새라, 넘칠 새라, 엎어질 새라 살금 살금 걸어 집까지 왔다. 가게에서 일하다가 집으로 올라오신 아빠는 맛있 게 식사를 하셨다.

그게 어찌나 맛있어 보이는지, 우리 네 남매는 아빠 앞에 쪼르륵 앉아 꼴 딱꼴딱 침을 삼켰다. 아빠는 한 젓가락씩 맛을 보이고는 국물까지 싹싹, 양념까지 싹싹 냄비째 비워내셨다. 우리는 냄비가 싹싹 비워지는 그 순간까지 아빠를 보고 있었다. 그때 삼켰던 침이 얼마나 많았는지.

우리 네 남매의 기억 속에는 공통분모처럼 아빠의 냄비 식사가 각인돼 있다. 지금 아무리 그때 그 음식을 두세 그릇씩 먹은들 그 시간, 그 냄새를 똑같이 불러올 수는 없을 것이다. 기억 속 음식을 당해낼 맛이 없는 건 그 때문이겠지.

2.
숙제를 하고 다음 날 학교에 갖고 갈 가방을 챙기고, 필통에서 연필을 꺼내 1층 가게로 내려간다. 그러면 아빠는 의자에 앉아 연필 다섯 자루를 하나씩 하나씩 깎아주셨다. 연필심이 넉넉하게 나오도록 길쭉하게 깎은 연필은 참 잘생겼었다.

갓 이발한 머리처럼 갓 깎은 연필을 가지런히 필통 안에 차곡차곡 넣을 때 나는 마치 목욕탕에서 나와 바나나 우유를 먹는 것처럼 기분이 좋아졌다. 연필깎이를 사고 나서도 아빠는 종종 연필을 깎아주셨다. 그때 아빠 옆에 서서 아빠가 사각사각 연필 깎는 소리를 듣는 것이 어쩌나 즐거웠던지.
칼을 짧게 쥐고 쓱쓱, 재빠르게 다섯 자루의 연필을 깎는 아빠가 정말 대단해 보였으니까.

지금도 잘 깎은 연필을 보면 아빠 생각이 난다.

끝을 조금 뭉툭하게 깎은 연필로 사각사각 종이 위에 글씨를 쓰거나 낙서를 해본다. 짧은 연필 몇 자루를 조그만 병에 꽂아두고 일기를 쓰거나 메모를 끄적여본다. 연필 하나로 쓱싹쓱싹 손을 놀리는 것만으로도 마음이 잠잠해진다.

3.
누구나 사랑하는 사람을 떠나보내는 시간을 맞이한다.
화내고 분노하고
떠났다는 사실을 인정하지 않은 채
꼭꼭 문을 걸어 잠근다.
그의 냄새와 그의 목소리가 사라지지 못하도록
안간힘을 쓰면서.

그 상처에 새살이 돋기까지는
한바탕 온몸의 수분이 다 빠져나갈 만큼의 눈물이 필요하다.

그 상처에 새살이 돋기까지는
다시 잠이 솔솔 오기까지는
상처에서 피가 흐르고, 딱지가 생기고, 아물어가고
반들반들한 새살이 돋아나는 시간이 필요하다.

아빠가 돌아가셨을 때
어린 나는 아빠의 낡은 손목시계를 차고 학교에 다녔다.
너무 커서 헐렁헐렁한 시계는 걸어 다닐 때마다,
수업 시간에 노트 필기를 할 때마다 손목에서 계속 돌아갔지만
아빠가 돌아가시던 그해 겨우내 나는 손목시계를 끄르지 못했다.

시간이 흐르고 내 상처에도 새살이 돋았다.
더 이상 울지도, 더 이상 손목시계를 차고 다니지도 않던 어느 날
버스를 탔다.
버스 앞자리에는 넓은 등의 아저씨가 앉아 있었고, 어린 딸은 아빠 앞에
서 조잘조잘 즐거운 수다를 떨고 있었다.
눈물이 났다.
그 넓은 등과 재잘재잘대는 소리를 들으며 다시 새살이 돋은 그 자리가
욱신거렸다. 새살이 돋아도 그 자리가 욱신댈 수 있다는 걸 그때 알았다.

사랑하는 사람을 떠나보내고 살아남은 자는 슬픔과 마주보아야 한다.
그 슬픔은 아이스크림이 땅에 떨어졌거나,
내가 좋아하는 장난감이 부서지거나 하는 슬픔과는 다른,
처음 만나는 슬픔이라 어찌할 바를 모르게 된다.

그 슬픔의 깊이가 얼마 만큼인지
그 슬픔의 길이는 얼마 만큼인지
그 슬픔의 넓이는 얼마 만큼인지 가늠할 수가 없다.
그것은 망망대해니까.
슬픔의 망망대해 앞에 나는 이 바다를 건너갈 수 있을지
언젠가 내 마음이 마른 땅을 밟을 수 있을지 알 수 없다.

슬픔과 마주하는 법은 슬픔과 마주해봐야 배울 수 있는 성질의 앎이다.
귀로 들어서, 눈으로 보아서 알 수 없고
마주해봐야, 아, 이 슬픔은 이렇게 지나가는구나,
이 슬픔은 이렇게 안고 가는 거구나, 하고 스스로 배워나간다.
그 슬픔을 관통하고 나면 조금 더 단단하고
조금 더 커버린 '나'를 만나게 된다.

슬픔은 언제나 피해가고 싶지만,

형체도 보이지 않는 그 슬픔의 덩어리에 짓눌리지 않으려면
도망가지 말고, 잘 마주보며 지나가야 할 뿐이다.

바람이 이렇게 부는 날, 나는 숨겨 놓은 슬픔을 마주 보며 지낸다.
마주 봐야 안녕, 하고 헤어질 수 있으니까.

아빠,
잘 계시죠?

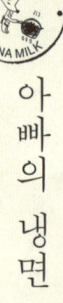
아빠의 냉면

　유년의 기억을 안고 어른이 되어 다시 찾은 아빠의 냉면집.
　냄비를 들고 신나게 달렸던 골목은 참으로 좁았다. 내가 너무 커버린 걸까. 30년의 세월을 버티고 있는 골목 안 냉면집. 냉면 한 그릇을 시키고 기다리는 시간, 오롯이 기억을 되살려주는 맛이 담겨 있기를 바랐다. 음식이란 그런 힘을 가졌으니까. 면발 한 젓가락이 후루룩 목구멍을 스쳐 넘어갈 때 기억의 뇌관 어디 즈음을 건드리며 기억을 송두리째 길어 올리는 것이니까. 하지만 아쉽게도 가게는 그 자리를 지키고 있었으나 맛은 세월을 너끈히 견딘 맛이 아니었다. 면발이 몇 젓가락 목구멍을 스쳐 지나가도 기억의 닫힌 빗장은 조금도 열리지 않았다. 참으로 아쉽게도.
　세월과 함께 멋지게 늙어가는 가게들이 곁에 있어주었으면 좋겠다. 내가 아빠와 가던 가게를 시간이 흘러 나의 아들과 딸의 손을 잡고 갈 수 있기를. 함께 밥을 먹으며 함께 기억을 나눌 수 있기를. 긴 면발처럼, 시간과 시간을 잇는 길고 차진 면발처럼.

시험에 보기 좋게 미끄러지거나, 면접에서 고배를 마시거나,
지긋지긋하게 실연을 당하거나.
뭐 갖가지 일로 처지가 비루해지는 날이 있다.
그런 날은 이상하게 갑자기 배가 고프다.
정확히는 배가 고프기보다 심한 허기가 몰려온다.
무언가를 먹어야 한다.

냉장고를 열었더니 반찬도 똑 떨어지고, 먹을 게 하나도 없다.
물에 밥을 만다.
조금 남은 반찬 찌꺼기를 꺼내 물에 만 밥을 먹는다.
후루룩 후루룩 밥을 떠 넣는다. 궁색하고 궁색한 밥상.

언젠가 집이 궁색해졌을 때

좁은 방에 다 커버린 우리 남매들이 함께 자고 있을 때
자고 있는 비루한 우리의 얼굴들을 보니 마음이 답답해졌다.

날은 따사로운데
혼자 까슬하고 두꺼운 모직 외투를 껴입고 있는 느낌에
밤이 깊어서도 잠이 들지 못했다.

자신의 처지가 궁색하고 비루한 느낌.
세상은 찬란한 4월인데, 혼자 1월의 한복판에 서 있는 느낌.

그런 궁색함과 비루함에 시달려야 하는 시간들이 종종 있다.
훌훌 벗어버리고 싶고 떨쳐내고 싶은 시간들,
살랑살랑 시폰 원피스를 팔랑거리며 걷는 아가씨들 틈에서
혼자 보푸라기 잔뜩 일어난 스웨터를 걸치고 있는 듯한 시간들.

그런 날은 입안이 까끌해서 아무것도 잘 먹지 못한다.
그래도 먹어야지.

먹고 자꾸 궁색해지는 기분을 떨쳐내야지.
후루룩 후루룩 물 말은 밥은 잘도 넘어간다.
오이장아찌 하나 있으면 금상첨화다.

물 말은 밥, 생이 까끌까끌한 날, 뭐 사는 게 별거 있냐며 내 허기를 달래주는 기특한 밥 한 그릇 먹으며 나에게 '브라보!'를 외쳐준다.

오차즈케

비루한 기분은 물 만 밥을 훌훌 먹듯이 넘겨야 한다. 오래 뭉개고 있어봤자, 인생에 득 될 게 없으니까.

오차즈케 한 그릇.

오차즈케는 '녹차'를 뜻하는 '오차お茶'와 '담그다'라는 뜻의 '쓰케루漬ける'가 합쳐진 말이다. 녹차를 우려 밥에 부어 먹는 음식이니, 우리 식으로 따지면 물에 밥 말아 먹는 것과 비슷하다. 여기에 가쓰오부시를 올리거나 구운 훈제 연어, 매실장아찌, 후리가케 등을 뿌려 먹는다. 먹는 방법은 사람들마다 제각각이지만 나는 간결하게 먹는 편을 좋아한다. 심심하다면 그저 후리가케 정도를 뿌려 먹는다. 순한 녹차 향에 밥 몇 숟갈을 후루룩 넘기고 나면 한없이 까끌했던 기분이 조금 나아진다.

Family
곁에 있어줘서
고마워

집에서 새를 키운 적이 있다.

종일 밖에서 일해야 하는 엄마는 우리 네 남매를 위한 선물로 새장과 새를 사주셨다. 우리는 한동안 새와 조잘조잘 잘 놀고, 모이도 주고, 물도 주었지만, 어느 순간부터 시들해졌다. 어느새 우리는 새는 나몰라라 하고 우리끼리 놀았다. 어느 날, 엄마가 "꺄악~" 하고 소리쳤다. 우리는 우르르 쾅쾅 달려갔다. 엄마는 얼굴이 붉어져서는 정말 화가 난 얼굴로 우리는 노려보셨다.

"새가 죽었잖아. 어쩜, 도대체 밥을 얼마나 안 준 거야, 도대체 물은 언제 준 거야? 새가 죽었어, 죽었다고!"

나는 너무 놀랐다. 새가 밥도 못 먹고 물도 못 마시고 죽을 줄은 몰랐으니까. 그냥 까맣게 까먹었다. 우리는 마당에 새를 묻었다. 나는 눈물도 흘리지 못했다. 너무 미안해서. 너무 놀라서.

그리고 그 이후로 나는 아무것도 집에서 키우지 못했다.

시간이 아주 많이 흐른 어느 날, 화분 하나를 선물 받았다.
집에 살아 있는 거라고는 나와 세균들뿐인 방에 살아 있는 무언가가 동거를 시작한 거다.
"나 못 키우는데."
"흙이 마르면 물을 주면 돼. 너무 자주 주면 안 돼. 식물은 물을 너무 많이 줘서 죽는 경우가 더 많으니까."

방문을 열면 푸른 잎이 나를 반겨주었다.
화분 하나가 갑자기 내 방을 환하게 했다.
물을 주면서 나는 말도 걸었다.
"오늘 잘 지냈어? 나는 오늘 좀 우울했어. 내가 좋아하는 김 군에게 전화가 안 왔거든. 내일은 전화가 오겠지?"

어느 날 퇴근 후 축 늘어져서 집에 왔을 때, 까무러칠 뻔했다.
꽃이 피어 있었다.
"너, 꽃 피는 식물이야? 너, 꽃도 피우는 거야?"
감격스러움에 한참이나 젖어 있었다.
그날부터 그 푸른 녀석에게 더 자주 말을 걸기 시작했다.

화분 하나를 키우면서

Family

사람이 이토록 즐거울 수 있구나, 하는 걸 그때 알았다.

참 대단한 푸른 것들.

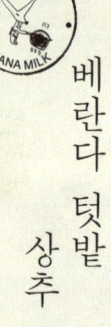

베란다 텃밭 상추

푸른 것들에 마음이 홀린 나는 봄날에 작은 상자 텃밭을 만들었다.

상추, 치커리, 청경채 모종을 심었다. 햇볕과 물만 먹고도 쑥쑥 자라 내 밥상에 푸른 반찬으로 올라와주었다.

고맙다, 애들아.

아무도 없는 집에서 나를 반겨주는 것들, 내 얘기에 귀 기울여주는 것들, 그리고 내 밥상에 푸른 생명이 돼주는 것들.

조금 자라면 여린 풀들을 똑똑 뜯어다가 예쁜 접시에 담아 유자 드레싱을 뿌려 먹으면 향긋한 맛이 나는 샐러드가 된다. 상추는 쑥쑥 잘 크니까 밥 먹을 때마다 몇 장씩 쌈도 싸 먹는다. 기다란 바게트를 반 가르고, 먹기 좋은 크기로 잘라 머스터드 한 큰 술 바르고, 그 위에 파스트라미 한 장 깔고, 베란다 텃밭에서 툭툭 꺾은 채소들을 듬뿍 넣으면 멋진 브런치가 완성된다.

식물을 키울 때는 겉흙이 마르면 물주는 것 잊지 말고, 말 걸어주는 것도 잊지 말아야 한다. 논에 벼들이 농부의 발소리를 듣고 크는 것처럼 베란다 채소들은 다정한 목소리를 듣고 크니까.

무라카미 하루키가 쓴 『작지만 확실한 행복』을 보면
그의 작지만 확실한 행복은 이런 거다.
서랍 속에 반듯하게 개켜진 깨끗한 바지가 쌓여 있다는 것,
산뜻한 면 냄새가 나는 흰 러닝셔츠를 머리부터 뒤집어쓸 때의 기분.
이런 거.

이런 건 누가 뺏어갈 수 있는 기분이 아니다.
누가 망가뜨리려고 해도 망가뜨릴 수 있는 행복도 아니고,
누군가와 비교하느라 한없이 위축되는 그런 행복도 아니니까,
작지만, 정말 확실한 행복이겠구나 싶다.

나에게 작지만 확실한 행복은 어떤 것일까 생각해봤다.
어떤 모진 하루도 토닥여줄 수 있는 갓 지은 밥 같은

그런 작지만 확실한 행복.
내게 오늘의 작지만 확실한 행복은 무엇일까 생각해본다.
피식피식 증기기관차 같은 소리를 내며 밥 냄새를 솔솔 피우는
압력밥솥 안에서 지금 갓 지어지고 있는 밥, 아마 그런 거.
이제 갓 지은 밥을 한 술 떠서 입안에 넣으면 나는
그 달콤하고 푸근한 맛에 잠시 행복할 게 확실하니까.

그래서 어느 기분 엉망진창인 날이면,
전기밥솥에서 며칠 동안 방치되어
누렇게 변한 밥을 퍼내고 새로 밥을 짓는다.
다시, 작지만 확실한 행복을 맛보기 위해.

세상에서 내 맘대로 할 수 있는 게 많지는 않지만,
자기만의 작고 확실한 행복을 몇 가지쯤 품고 살 필요는 있다.
그게 비록 보송보송 마른 러닝셔츠 같은, 보잘것없는 것이라 할지라도.

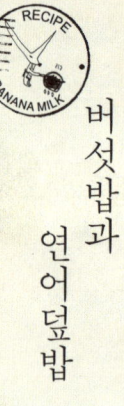
버섯밥과 연어덮밥

뭐, 행복이 별건가, 마음이 뿌듯해지고, 더 바랄 게 없이 푸근해지는 거, 갓 지은 밥 한 술 먹을 때의 기분 같은 거.

이것저것 만들기 귀찮은 날은 콩나물밥이나 무밥, 버섯밥처럼 밥 하나에 양념장만 비벼 먹어도 맛있는 밥을 짓는다. 표고버섯, 새송이버섯, 팽이버섯, 참타리버섯 등 각종 버섯을 조금씩 준비한다. 고소한 맛을 더하기 위해 유부 몇 장 추가해도 좋다. 밥물 잡을 때 간장과 청주, 맛술도 조금씩 넣고, 다시마 한 조각도 넣는다. 그 위에 준비한 버섯을 적당한 크기로 잘라 올린다. 버섯에서도 수분이 나오니까 밥물은 보통 밥 지을 때보다 조금 적은 듯 잡아야 고슬고슬한 밥이 된다. 이제 전기압력밥솥 버튼만 누르면 끝. 그럼 버섯의 깊은 향이 담긴, 게다가 간까지 짭조름하게 된 버섯밥이 뚝딱 튀어나온다.

버섯밥마저 귀찮을 때면 그냥 노란 기장을 섞어 지은 기장밥에 맨김 몇 장 구워내고, 양념간장을 곁들여 먹는다. 병아리 모이로 주던 노란 기장이 하얀 쌀밥에 콕콕 박히면 그 색감만으로도 식욕이 살짝 돋는다. 김 위에 기장밥을 없고, 양념간장에 슬쩍 찍어먹으면 그저 그 찬 하나로도 족하다.
　조금 영양을 보태고 싶은 날에는 합정동 스프링폴 레인컴에서 먹은 연어밥을 시도한다.
　따뜻하고 정감 가는 나무 볼에 담겨 나오는 연어라이스. 잡곡밥 위에 살짝 볶은 양파를 올리고 물, 쓰유, 간장, 식초를 섞어 만든 양념장과 후리가케로 간을 한 밥에 구운 연어와 영양부추를 올린다. 연어는 냄새를 줄이고 구울 때 부서지는 것을 막기 위해 식초를 약간 발라서 굽는 것이 포인트라고. 맛도 차림새도 간결해서 좋은 한 그릇 밥들.

내 인생은 왜 이 모양이죠

내 인생만 서글픈 것처럼, 내 인생만 쓸쓸한 것처럼,
내 꼬락서니만 불쌍한 것처럼 슬퍼할 때가 있다.

그물에 잡힌 인생이라고, 이 불쌍한 고기 좀 봐달라고 소리친다.
내 인생은 왜 이 모양이냐고, 내 처지는 왜 이토록 가련한가 하고
자기 연민에 괴로워한다.

때때로 자기 연민은 독이 된다.

잡혀온 생선처럼 눈물 뚝뚝 흘리며 원망하지 않기.
잡혔으면 누군가의 탕이 되어도 좋고 찜이 되어도 좋다.
그물에 잡힌 생선이라고
스스로 불쌍히 여기지 않고 씩씩하게 식탁에 오르기.

자기 연민의 눈물 뚝 그치기.
자기만 혼자 세상 슬픔 다 짊어진 듯 울상 짓지 않기.

오늘 그렇게 다짐했다.
자꾸 스스로만 불쌍한 것처럼 여기면
더 이상 아무것도 할 수 없는 인생이 되니까.

명태

검푸른 바다, 바다 밑에서 줄지어 떼 지어 찬물을 호흡하고
길이나 대구리가 클 대로 컸을 때 내 사랑하는 짝들과 노상
꼬리치고 춤추며 밀려다니다가

어떤 어진 어부의 그물에 걸리어 살기 좋다는 원산 구경이나 한 후
에지푸트의 왕처럼 미라가 됐을 때 어떤 외롭고
가난한 시인이 밤늦게 시를 쓰다가 쐬주를 마실 때
그의 안주가 되어도 좋다 그의 시가 되어도 좋다
짜악짝 짖어지어 내 몸은 없어질지라도 내 이름만은 남아 있으리라
명태 명태라고 이 세상에 남아 있으리라

_양명문 시, 가곡 〈명태〉

지금은 수온이 따뜻해져서 잘 잡히지 않지만,

고등어처럼 숱하게 잡히던 녀석, 명태다.
그 새끼는 노가리라고 해서 맥주 마실 때 꽤나 질겅질겅 씹어댔다.

나는 명태의 이 힘찬 기상이 맘에 든다.
뭐 누군가의 안주가 되어도 좋다, 누군가의 시가 되어도 좋다,
인생 한번 시원하게 헤엄치다가 가는 거, 시원하게 헤엄이나 치자.

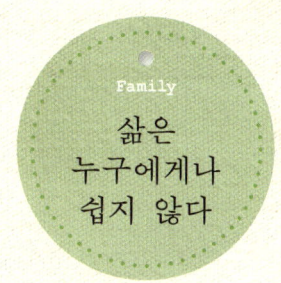

Family
삶은
누구에게나
쉽지 않다

사누키 우동을 먹으러 주말이면 일본행 비행기에 몸을 싣는 청춘들도 있다지만, 그렇지 못한 이 청춘은 늦은 아점 산책에 나선다. 보통 주말 아침은 배가 고프다 못해 아플 때가 돼서야 일어나 머리에 새집을 얹은 채 얼굴에 밤새 내려앉은 기름기도 걷지 않고 바로 냉장고를 뒤적거려 유통기한이 다해 운명을 달리하지 않은 재료들을 꺼내고, 남은 반찬을 꺼내 배고픔을 달랜다.
하지만 오늘은 햇살이 좋으므로, 보통날의 작은 사치를 즐기기로 한다. 전기밥솥에서 누렇게 변한 밥처럼 누렇게 뜬 얼굴에 광합성도 시켜줄 겸 갓 구운 빵처럼 따뜻한 햇볕에 마음의 습기도 말려줄 겸 걸어놓는다.

따듯하고 부드러운 브로콜리 수프에 호밀 바게트, 토마토와 가지 포카치아와 치아바타, 그리고 다쿠아즈 케이크에 아메리카노까지. 우선 햇빛이 가장 기분 좋게 떨어지는 자리에 가방을 던져놓고, 유기농 빵 뷔페를 즐기기 시작한다. 그것도 단돈 8,500원이라니, 나는 갑자기 이 작은 호의에 기분이 좋아진다.

접시 위에 먹고 싶은 빵을 종류별로 담고, 따끈한 수프 한 그릇에 커피까지 세팅해놓고 나니, 마음은 더욱 느긋해진다.

"Life is not easy for any of us.(삶은 누구에게나 쉽지 않아요.)"

카페의 벽면에 걸린 사진 작품이다.
전보경 작가의 「삶은 누구에게나 쉽지 않아요」.
뉴욕 월스트리트에서 "삶은 누구에게나 쉽지 않아요"라고 쓴 캔버스를 들고 두 시간 동안 걸어 다니며 완성한 작업이다.

지금 이 순간, 잘 구운 빵과 수프와 커피 한 잔의 일용할 양식이 앞에 있고, 나를 막다른 골목으로 몰아가는 그 어떤 세력도 없는 지금 이 순간, 삶은 잠시 쉬는 중이다. 조금 전까지, 나는 너무도 바쁜 시간 속에 있었다. 삶은 언제나 내게, 쉽지 않은 것이었다.

그러고 보니, 무언가 쉽게 내 수중에 들어온 적은 거의 없는 듯하다.
남들은 그냥 설렁설렁해도 되는 거 같은데, 나는 죽을 만큼 노력해도 안

Family

됐다.

그게 공부기도 했고, 연애이기도 했으며, 취업이기도 했고, 뭐, 각종 통과의례들이 쉽지가 않았다. 나 혼자, 아 힘들어 죽겠다, 뭐 이렇게 되는 게 없어, 라고 다 어깃장을 놓고 틀어버리고 싶은 때가 훨씬 많았으니까.

그런데 삶은 누구에게나 쉽지 않아요, 라며 사진 속의 여자는 월스트리트 거리에서 묵언수행을 하듯 피켓만 든 채 서 있기도 하고, 앉아 있기도 한다.
Life is not easy for any of us.

누군가에게는 쉬워 보이던데, 정말 누구에게나 쉽지 않은 거 맞나? 하고 재차 삼차 되묻고 싶었지만, 그녀는 사진 속에만 있으므로, 혼자 나에게 물었다.

정말 누구에게나 쉽지 않은 걸까.

초등학교 때 우리 반에서 제일 예뻤던 소희는 집도 부자여서 내가 언니들의 유행 다 지난 헌 옷을 물려 입을 때, 날마다 새옷을 입고 모든 아이들의 주목을 받으며 등장하곤 했다. 남학생들은 유독 그 애에게 친절했고, B급 무리인 나와 친구들이 소희와 놀지 않고 따돌릴 때면 남자 아이들이 나서서 우리를 공격해주었다. 소희는 공부도 잘해서 누구는 6년 내내 한

장 받을까 말까한 상장도 넙죽넙죽 타갔다.

점점 크면서 보니 소희 같은 아이들이 주변에 많이 포진해 있었다. 연애 한번 걸기 어려운 내 옆에는 2,3개월 단위로 남자친구를 바꾸는 민지가 있었고, 허구한 날 이력서를 써대는 내 옆에는 넣다 하면 철커덕 합격통지서를 받는 지혜가 있었다.

정말 누구에게나 삶은 쉽지 않은 걸까.
그 말이 사실이라면 그들은 아마 나도 모르게 어두컴컴한 시간들을 지나갔다는 거겠지. 무엇이든 쉬워 보이는 그들의 인생에도 어딘가 터널이 있었다는 얘기일 거다.

그렇다면 조금 위로가 된다. 한 번도 막막하고 무서운 터널을 지나가보지 않은 사람들은 내게 너무 먼 사람들이니까.

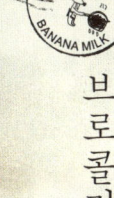

브로콜리 수프

　몽글몽글 작은 감자와 브로콜리 건더기가 목구멍을 간질이는 수프 한 그릇을 먹으면 우울한 기분이 조금 나아진다.
　감자와 양파, 브로콜리, 이 세 가지면 된다. 감자 중간 크기 하나, 양파 반 개, 브로콜리 반 송이. 우유와 생크림도 3 대 1 비율로 필요하고, 파르메산치즈도 있으면 좋다. 버터와 소금, 후춧가루도.
　달군 팬에 버터를 녹이고, 납작하게 썬 감자와 채 썬 양파, 데친 브로콜리를 넣고 볶다가 우유와 생크림을 넣어 감자가 익을 때까지 볶은 후 믹서에 갈아준다. 그리고 파르메산치즈 가루와 소금을 넣어 살짝 간해서 먹는다. 아무것도 되는 게 없는 것 같은 날, 참 사는 게 쉽지 않다 싶은 날은 이렇게 술술 넘어가는 음식이 필요하다. 이렇게 술술 넘어가는 것도 하나쯤은 있어줘야지.

Family
지상의 행복한
방 한 칸

1.

곰곰이 생각해보니 누구도 건드리거나 침범하거나 밟고 다닐 수 없는 내 작지만 확실한 행복의 시간이 있었다. 마음에 모래 바람이 불 때면 꺼내볼 수 있는 그런 시간들, 그런 공간들.

대학을 졸업하고 자기소개서를 처음 써야 했을 때, 나는 나를 뭐라고 소개해야 할지 정말 난감했다. 나를 누구라고 설명할 수 있을까?
그때, 첫줄에 썼던 문장은 어렴풋이 이랬다.

'나는 부자입니다. 나에게는 달디단 유년의 행복한 우물이 있기 때문입니다. 내 유년의 시간들은 엄마와 아빠, 복닥거리는 네 남매들과 함께 행복한 기억의 우물로 내 안에 찰랑이고 있습니다. 이 유년의 행복한 우물은 내 인생의 고비고비에서 내 목을 축여줍니다.'

아마, 나의 자기소개서를 읽던 면접관은 뭐 이 따위 자기소개서를 냈나 싶었겠지. 도대체 내 '스펙'을 들여다볼 수 있는 구절은 하나도 없었으니까.

어쨌거나 그때 나를 소개하던 그 첫 구절처럼 나의 작지만 확실한 행복은 유년의 시간이다.

그 유년의 시간 한복판에는 지상의 방 한 칸, 3층집이 있다.

"어, 나 지금 3층에 올라왔어. 이제 전화 통화해도 돼."
"너희 집 3층까지 있어? 우와."

이런 식이다. 휴대전화도 무선전화기도 없던 그 시절, 친구와 몰래 통화를 하려면 3층에 있는 우리만의 방으로 뛰어올라간다. 그리고 숨을 캑캑거리며 수화기를 잡고 이제 본격적인 수다를 떨기 위해 30분쯤은 그 자세로 앉아 있어도 걸리지 않을 편안한 자세를 취한다. 그리고 내 위치는 안전한 3층 방임을 알리고 이제 실컷 수다를 떨어도 좋다는 신호를 친구에게 보내면 친구는 머릿속에 드라마에나 나오는 3층의 멋진 집을 상상하며 갑작스럽게 내 허름한 행색 뒤에 3층집이라는 후광을 입히기 시작한다.

3층집. 나의 유년의 집은 3층집이었다. 드라마에 나오는 3층집과는 거리가 좀 먼, 좁디좁은 땅뙈기에 3층으로 지어진 집. 단칸방에서 여섯 식구가 포개져 살다가, 억척스러운 부모님이 한 층 한 층 영토를 넓혀갔던 집.

1층에는 엄마, 아빠의 옷가게, 2층에는 안방과 부엌, 3층에는 우리 세 자매를 몰아넣은 작은 방 하나와 작은 옥상, 그리고 옥상 귀퉁이에 화장실이 있었다. 그러니까 펼쳐놓으면 1층짜리 웬만한 집보다 좁은 집이지만 나는 이 3층집을 좋아했다.
안방에는 숨겨진 작은 다락방이 있고, 3층에는 손바닥만 하지만 옥상이 있어 동네를 한눈에 내려다보며 시장 골목과 다른 집 사람들을 구경을 할 수 있었으니까.
동선이 짧은 집이 효율적인 집이라면 우리 집은 절대 비효율의 표본이었다. 하지만 효율성과는 거리가 먼 우리 집에는 기억이 꼬깃꼬깃 숨을 수 있는 재밌는 공간들이 많았다.

물론 이 좁은 3층집은 몇 가지 위험요소를 가지고 있긴 했다. 가파른 계단은 모두 타일을 깔아놓아서 하루에도 몇 번씩 3층에서 2층으로 2층에서 1층으로 내려올 때 우리 네 남매는 돌아가면서 한 번씩 굴렀으니까. 그 집에 꽤 익숙해지기 전까지는.

어쨌거나 3층은 엄마, 아빠의 레이더망에서 상당히 자유로운 곳으로 우리에게는 즐거운 놀이터였다.
칠판을 걸어두고 네 남매가 쪼르르 앉아 돌아가면서 학교 놀이를 했고, 여름이면 옥상 마당에 아빠가 비닐 포대를 세워 만들어주신 간이 수영장(그냥 고무 대야보다 조금 큰 비닐 욕조에 물을 채운)에서 한 여름을 보냈고, 작은 평상에 장판을 깔고 비누칠을 해두고는 맨발 스케이트를 타며 뒹굴고 자빠지면서 즐거워했다.

밤이면 한낮에 실컷 놀던 평상에 누워 까만 하늘에 박힌 별을 보며 별자리를 찾았다.
겨울에는 웃풍이 너무 세서 항상 방 안에 있어도 코가 빨갛게 얼어 있었지만 우리는 엉덩이는 지질 듯 뜨거운 방 안에서 코끝이 살짝살짝 어는 바람이 부는 그 집을 좋아했다.

하루 종일 놀고 있다 보면 어느새 깊은 밤이 찾아온다.
엄마, 아빠는 12시가 다 되어서야 가게 문을 닫고 들어오셨고, 그때는 꼭 손에 우리에게 줄 맛있는 간식이 들려 있었다.
우리에게 최고의 인기 간식은 모락모락 김이 나는 만두였다.
재빠른 손놀림으로 만두를 빚는 만두집 아저씨의 손놀림은 언제나 신기한 마술 같았다. 지금은 잘 볼 수 없는 아주 조그만 만두는 병아리 같은 우리 입에도 한 입에 쏙 들어갔다.
빨간 내복 차림으로 졸린 눈을 비비며 버티다가 먹는 만두는 정말 맛있었다.
너무 뜨거워서 바로 씹을 수 없는데도, 한 개라도 더 빨리 먹기 위해 그 뜨거운 만두를 꿀떡꿀떡 잘도 먹었다. 엄마, 아빠는 고단한 하루를 보내고 들어와 그런 우리를 가만히 바라보셨다.

지금 돌이켜보면 참 허름했던 집, 참 궁색한 살림살이였는데
가난은 우리를 할퀴고 가지 못했다.
아마도 온 힘을 다해 우리의 바람막이가 돼주신 엄마, 아빠가 있었기 때문이겠지.

2.
바람막이가 돼주신 엄마.

이제 많이 늙어버린 엄마를 본다.
바람막이가 돼주느라 세월에 많이 상한 얼굴을 들여다본다.
그간 세월에 묻어 있는 고단함이 잠드신 얼굴에 드러난다.

Family

나는 내 어미가 그랬듯이
이제 어미의 작은 바람막이가 돼드리고 싶은데
바람막이가 되어드리기는커녕, 여직도 바람에 내 어깨는 후들거리고 있다.

언제쯤 엄마에게 기댈 어깨가 돼드릴 수 있을까,
새벽 한기를 떨치고 오늘도 일 나가는 어미를 보며 마음에 비가 내린다.

만두

　참새가 방앗간 드나들듯 드나들던 우리의 분식집은 사라졌다. 그 작은 만두도 함께 없어졌다. 만두가 꿀떡같이 먹고 싶은 날에는 성북동으로 간다. 주인아저씨는 매일 3시부터 만두 속 착착 준비해놓고, 사골 국물 진하게 우려내고, 배추 겉절이와 열무김치 담고(겨울에는 깍두기로 대신한다), 밀가루 반죽 얇게 밀어서 숭숭 칼국수 썰어내고 아침 준비하고 나면 어느 순간에 하루가 날아갔는지 모르게 손님들이 만두 그릇, 칼국수 그릇 비워놓고 간다고 말했다.

　"마누라랑 자식들은 속여도 밀가루는 못 속여. 여름, 겨울, 비 오는 날, 쨍쨍한 날, 다 반죽 숙성 정도가 다르거든. 김치도 딱 적당히 익어야지, 조금만 더 묵힌 거 쓰면 삶을 때 피가 터져버려. 이게 국수가 쉬운 게 아니더라고."

　잘 반죽해 얇게 밀어 부들부들한 칼국수와 만두, 두 마리 토끼를 잡는 칼만두와 만들기가 까다로워 맛있는 집 찾기 어려운 김치만두와 고기만두가 대표 메뉴다. 고기만두는 부추와 두부가 많이 들어가 담백하고 김치만두는 김치의 숙성이 적당해 웬만한 식성에는 맛있다, 소리가 나온다.

광장시장 안에는 손칼국수와 만둣집들이 몰려 있다. 시장통을 드나드는 사람들이 한 그릇 배 속 든든하게 먹을 수 있게 그릇 가득 담아내는 손칼국수와 만두는 썰어놓은 모양도 빚어놓은 모양도 투박하다. 그러나 시장을 여러 바퀴 돌다가 기다란 나무 의자에 낯선 사람들과 붙어 앉아 훌훌 떠먹는 손칼국수와 만두는 허기진 만큼 기가 막히게 맛있다. 시장 안의 풍경과 아줌마의 부지런한 손놀림과 퍽퍽 담아주는 마음씀씀이, 모르는 사람끼리 아무렇지 않게 말을 섞어도 어색하지 않은 뭐 이런 것들이 버무려져 광장시장의 만둣국은 별미가 된다.

무엇이 버무려지느냐, 그것이 언제나 맛을 좌우하니까.

Love
사랑

가시 속에
숨다

외로움이 드러나지 않도록 꼭꼭, 가시 속에 여며두었다.
보랏빛 가시를 온몸에 두르고 있는 성게처럼.

성게의 석회질 가시 하나하나에는 근육이 붙어 있다.
이 가시에 찔리면 며칠 고생하는 것쯤은 각오해야 한다.
하지만, 가시 돋친 녀석일수록 의외로 그 속은 여리디여리다.

성게의 가시를 열고 들어가면
일본 사람들이 '우니ɔに'라고 부르는 금빛 성게 알이 나타난다.

밥 위에 얹어 쓱쓱 비벼 먹으면 기가 막힌다는 성게 알은
알고 보면 알이 아니라 성게의 생식소다.
5월 말이면 강원 고성 바다에서 탐스럽게 자라는 성게.

정약전의 『자산어보玆山魚譜』에서는 성게를 율구합이라 전한다.
"밤송이처럼 둥근 조개" "맛이 달고 날로 먹거나 국을 끓여 먹는다"라고
전한 것을 보면 옛날 사람들도 성게 맛이 일품이라는 건 잘 알았나 보다.
'제주 인심은 성겟국에서 난다'는 말이 있는 걸 보면 사람들은
오래전부터 이 별나게 생긴 녀석을 참 좋아했던 것 같다.
가시를 잔뜩 달고 있어도 사람들은 그 맛에 성게를 잊지 못하니까.

성게처럼 가시 돋친 채 있는 사람일수록
성게처럼 가시를 잔뜩 세우고 있는 사람일수록
그 속은 여리고 여리다.

스스로 상처 입지 않으려고 더 뾰족하게 가시를 세우는 거겠지.

가시를 잔뜩 세우고 있는 사람을 보면 가끔 저 사람도
성게 같은 사람이구나, 하는 생각이 든다.
노랗고 여린 속을 감추려고 무섭게 가시를 세우고 있는…….

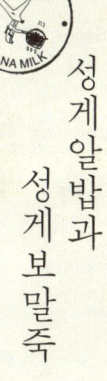
성게알밥과 성게보말죽

    성게알이 있다면 밥 한 그릇은 뚝딱이다.
    알이 풀어지지 않고 윤기가 나는 신선한 성게알을 준비한다. 신선한 성게알이 없다면 성게알젓도 좋다. 고슬고슬 밥 한 그릇에 참기름, 깨소금만 있으면 준비는 끝. 사실 이것저것 준비하기 귀찮을 때는 이렇게만 비벼 먹어도 맛있지만, 조금 더 그럴 듯하게 먹으려면 무채나 깻잎채, 오이채, 새싹채소 등 아삭아삭한 채소와 잘게 부순 구운 김도 넉넉하게 준비한다. 거기에 간장과 참기름, 다진 파로 양념간장을 만들어 살짝 간해서 비벼 먹으면 입안에 바다가 담긴 기분을 만끽할 수 있다.

    제주 바닷가에서 성게알을 맛볼 수 있다면 더 바랄 바가 없다.
    함덕 바닷가 해안도로를 따라 걷다 보면 바닷가 옆 잠녀해녀집이 보인다. 해녀들이 잡은 싱싱한 해산물로 차린 밥상이 기다리는 곳. 바다를 품은 창문을 끼고 앉아 성게보말죽을 먹는다. 제주도답게 인심 박하지 않게 넉넉히 넣어준 쫄깃한 보말과 함께 성게알의 향기가 가득한 성게보말죽 한 그릇. 바닷가의 칼바람을 피해 밥집 한 구석에 자리 잡고 앉아 죽 한 그릇을 입안에 넣으니, 이만하면 됐다. 이만하면 오늘 하루는 족하고 족하다.

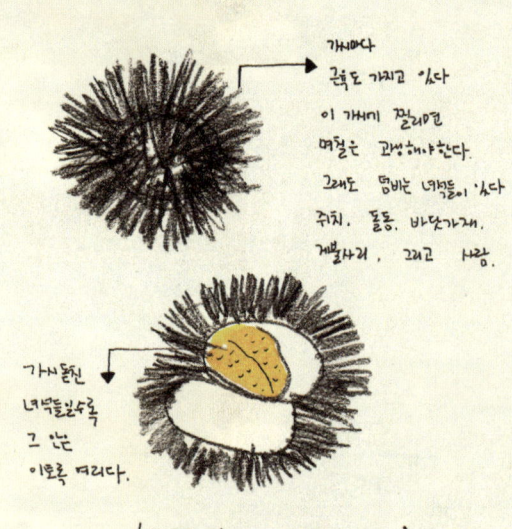

도둑고양이와 길고양이

이름이란 참 신기한 힘을 가졌다.
우리는 이름 안에 많은 입장과 생각 들을 담는다.

길을 가다 불쑥 마주친 크고 검은 고양이를 향해
나도 모르게 소스라치게 놀라며 "헉, 도둑고양이다"라고 소리쳤다.
그때 옆에 있던 친구가 말했다.
"길고양이야."
그러게. 쟤네가 뭘 훔치는 건 못 봤는데 왜 도둑고양이라고 불렀을까.

집 잃은, 혹은 태생 자체가 길인 고양이들은
도둑고양이라는 오명을 쓰기 일쑤다.
도둑개는 없는데 왜 고양이는 늘 도둑고양이였을까.

검은색에 대한 편견, 그 반짝이는 눈빛에 대한 편견,
그리고 '도둑' 고양이라는 이름에 대한 편견이 버무려져
이상하게 나는 고양이가 싫었다. 나한테 해코지를 한 것도 아니었는데.
그러게. 그냥 이유 없이 싫은 거,
그런 게 늘 무섭다는 생각을 해왔으면서도.
이유 없이 미운 건 참으로 잔인한 일인데도.

길고양이라고 부르는 순간
상대는 무섭다기보다 안쓰러운 존재가 된다,
이름을 달리 부르는 바로 그 순간에.

우리는 이제 서로 관계를 맺기 시작한 거다. 이름을 불러주는 것.
아무 관계도 아니던 그와 나 사이에 끈이 생기는 것.

친구가 말했다.
"어느 날 음식물 쓰레기봉지를 버리는데 휴지통 뒤에 숨어 있더라고.
그러더니 슬슬 걸어 나오는 거야.
애처로운 눈빛으로 나한테 뭐 좀 달라는 거지."
"보통 도둑고양이는, 아니 길고양이는 사람이 다가가면 도망가잖아?"
"그래, 그런데 배가 어지간히 고팠던 거지. 나를 향해 걸어오더라니까. 내

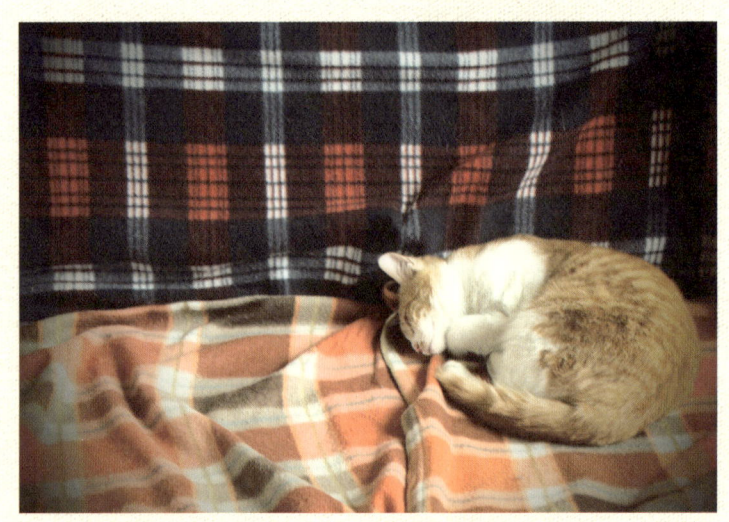

가 고양이는 정말 안 좋아하는데, 배고픈 녀석들은 그냥 못 보잖아. 전기 밥솥에 있던 밥 조금 떼어 먹였지. 그랬더니 밥때 되면 저렇게 우리 가게 앞에 오는 거야."

"쟤도 밥 주는 사람을 아는구나."

"내가 이름도 지어줬어. 한참을 고민했거든. 토르텔리."

"토르텔리? 그거 파스타 이름 같은데?"

"빙고. '어린왕자'식으로 말하자면 저 고양이는 수백수천 길고양이 중의 하나가 아니라 특별한 나만의 길고양이가 된 거지. 우리는 서로 길들여지게 된 거야. 나는 그가 기다려지고, 그는 나를 찾아오고."

길들여진다는 것.
그냥 수많은 길고양이 중 하나인 고양이가
그녀에게 특별한 존재가 된 것처럼.
나는 그가 기다려지고, 그는 내가 기다려지고.
그래서 이렇게 말하게 되는 것.

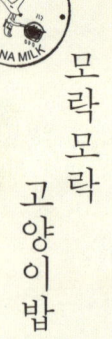

모락모락 고양이밥

아베 야로의 만화 『심야식당』에 나오는 고양이밥은 갓 지은 밥에 막 갈아낸 가쓰오부시를 얹고 간장 소스로 간을 맞추기만 하면 끝. 간단한 음식이지만 보기만 해도 군침이 돌 정도다. 물론 막 갈아낸 커피콩으로 내린 커피 향이 진한 것처럼, 가쓰오부시도 가다랑어 대패로 바로 밀어내야 미각을 자극하는 향이 올라온다. 갓 밀어낸 가쓰오부시를 밥 위에 얹으면 연탄불 위에 오징어 올라간 듯 꾸물꾸물 살아 움직여 보는 눈까지 즐겁다. 고양이밥에 들어가는 간장 소스는 일본식 맛간장이라고 할 수 있다. 말린 다시마와 물, 가쓰오부시를 우려 다시 육수를 만든 후, 간장과 맛술, 설탕을 넣고 은근히 졸여 만든 소스로, 덮밥이나 조림 요리에 다양하게 쓸 수 있다. 취향에 따라 양파, 마늘, 파 등을 넣는 사람도 있다.

그저 심심한 이 밥이 하루의 고단함을 끌고 식당을 찾은 여자의 허기를 채워주던 장면 때문인지, 가끔 고단할 때 먹고 싶어지는 음식이다.

사랑에 빠지지 못하는 지병

1.

    이 사랑이 시작될 때부터 아무 조건 없이 내 존재를 던지지 않는다면 절대로 기회가 없다는 것을 느꼈지. 심지어 내가 그렇게 투신한다고 해도 기회는 대단히 적겠지. 그러나 기회가 많든 적든 그것은 내가 관여할 바가 아니지 않겠니?
    사랑에 빠질 때, 그것을 이룰 가능성을 미리 헤아려야 하고, 헤아릴 수 있어야 할까? 아니야, 그렇게 계산할 수 없어, 우리는 사랑하기 때문에 사랑하는 것이니까.
                  _반 고흐, 『세상에서 가장 아름다운 편지』에서

아무리 가시 돋친 심장도
저 밑바닥에서는 고흐의 말처럼 사랑에 빠지기를 바란다.

사랑이 돌변해서 갑자기 가슴에 주먹질을 해대도,
이 지랄 같은 사랑 다시는 하나 봐라, 하고 이를 갈아도
시간이 흐르면 다시 사랑이 찾아오기를 기다린다.

생각해보면 사랑에 빠진다는 건 얼마나 대단한 일인가.
빠지려고 애를 써도 도대체 말똥말똥한 눈에는 콩깍지가 씌워지지 않아
번번이 사랑에서 미끄러져 나오게 마련이니까.
사랑에 빠진다는 건, 그 자체만으로 놀라운 일이긴 하다.

그러니까 그렇게 놀라운 일 앞에서 머리 아프게 머리 굴리는 거,
이 사랑의 본전과 이자를 계산하는 거,
이 사랑을 굴리면 대박을 칠 것인가 아닌가 따져보는 거,
이 사랑에 올인하면 나만 바보 되는 거 아닌지
밤새 머리 지끈거려 하는 거, 또다시 사랑이 돌변해
퍼런 멍이 들도록 두들겨대면 어쩌지 하고 걱정부터 하는 것,
이런 건 우스운 일이다.
사랑할 수 있을 때 사랑하기.
고흐가 말한 것처럼 우리는 사랑하기 때문에 사랑하는 거니까.
고흐의 그림 속 노랑을 보면서 늘 궁금했다.
그토록 지독한 가난과 그토록 지독한 실연과 그토록 지독한 고독 속에서

빈센트 반 고흐, 「해바라기」, 캔버스에 유채, 1887, 뉴욕 메트로폴리탄 미술관

그는 어떻게 저런 눈 시린 노랑을 쓸 수 있었을까.
그의 노랑은 어떻게 저토록 빛날까.

사랑하기 때문에 사랑한 까닭에 고흐는 심장에
날마다 퍼런 멍이 들어 살았지만 그의 그림에서처럼 빛나는 노란 빛으로
빛나던 사랑은 그를 살아가게 하는 힘이 아니었을까 생각해본다.

2.

고흐의 노랑과 닮은 스페인 볶음밥 '파에야'의 빛나는 노란빛. 그건 사프
란 꽃가루의 힘이다. 다른 재료가 빠지는 건 상관없지만, 사프란이 빠진
다면 그건 파에야가 아니다.
파에야가 파에야인 이유는 사프란의 빛나는 노란색이 있기 때문이니까.
사람이 사람인 이유도 빛나는 노랑의 사랑, 그게 있어서는 아닌지.

사랑은 또 갑자기 돌변해서 내게 칼을 꽂을지도 모르지만
사랑에 빠지는 걸 겁내면 살 수가 없을 테니까.

겁내고 겁내느라 옴짝달싹 못하고 스스로 가둬두고 살 수는 없으니까.

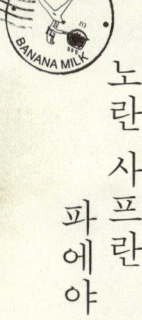

노란 사프란 파에야

아무리 생각해봐도 고흐는 정말 대단한 심장을 가졌다. 그렇게 깊은 실연을 당하고도 늘 사랑을 구했으니까.

고흐의 노랑을 담은 파에야 집, 그 집의 주인장도 한때 사랑으로 아팠다. 너무 아파서 공기 중으로 자신으로 흩어버리고 싶었는지도 모른다. 햇볕이 강렬한 스페인으로 떠나면 여기서의 상처에 새살이 돋을 수 있다고 생각했는지도 모른다. 홍대 골목길 스페인 밥집의 주인장은 사랑에 속 쓰려서 스페인에 갔다가 밥집 주인장으로 돌아왔다.

그리고 그 여행의 기억을 홍대 골목길 귀퉁이 작은 스페인 식당에서 풀어냈다.

스페인 안달루시아의 작은 집처럼 하얗게 칠한 식당 문을 빼꼼 열고 들어가면 그가 손수 뚝딱뚝딱 만든 스페인의 냄새가 가득했던 곳. 안타깝게도 그곳은 더 이상 현재시제로 쓸 수 없는 공간이 되어버렸지만.

　그곳을 찾았을 때 주인장의 특제 산그리아 한 잔부터 마시고, 만만한 파에야를 주문했다. 파에야는 스페인의 대표적인 쌀 요리다. 리소토가 이탈리아 쌀 요리의 대표주자라면 스페인에는 파에야가 있다. 밥 아니면 먹은 것 같지 않다는 밥 지상주의 식성의 사람이라면 서양에서 만나는 이 쌀 요리가 참으로 반가울 테다.

　리소토를 만들 때면 달군 팬에 버터나 올리브오일을 두르고 불리지 않은 쌀을 넣고 볶다가 기호에 따라 닭 육수나 해산물 육수를 조금씩 부어가며 죽처럼 되직해질 때까지 계속 저어가며 익힌다.
　파에야는 주걱으로 젓지 않고 냄비를 흔들면서 익힌다. 거기에 파에야를 파에야답게 하는 사프란을 우려내 쌀에 노란 물을 들이고 고기나 해산물을 올려 익혀내면 끝.

　금가루보다 비싸다는 사프란은 아주 적은 양이 들어가더라도 그 빛깔과 향으로 제 몫을 톡톡히 해낸다. 가정식으로 파에야를 만들 때 사프란 대신 색깔을 내기 위해 강황가루를 쓰기도 한다지만, 그걸 파에야라고 하기는 좀 미안한 감이 있다.

　주인장이 쓴 맛있는 엽서에는 이렇게 쓰여 있다.

"전설에 의하면 파에야는 'para ella', '그녀를 위하여'에서
온 말이라고 합니다. 그래서인지 남자들만이 이 요리를 정말 맛있게
만들 수 있다고 해요. 스페인에 가서 파에야를 맛본 한국 사람은
대부분 '어휴, 너무 짜. 그리고 웬 기름 범벅이야?'
이렇게 말하곤 합니다. 그래서 드리는 말씀인데,
스페인에 가서 파에야를 주문하기 전에는 이렇게 말해보세요.
'Poco sal, poco aceite, por favor?'(소금과 기름을 조금만 넣어주세요.)라고요."

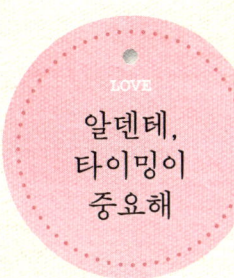

스파게티를 삶으려면 커다란 냄비가 있어야 해.
부글부글 요동치는 끓는 물에 몸을 맡겨야 하거든.
냄비가 너무 작으면 끓는 물과 면발이
한바탕 춤을 추며 삶아지기 힘들지.
커다란 냄비만 있어서는 안 돼.
가장 중요한 건 타이밍이지.
언제나 그렇지만 말이야.

세월이 흘러서 뒤를 돌아보면,
아, 그때, 그 시각, 그 1초가 생각나.
그때 그 말을 할 걸, 그때 시원하게 화를 낼걸, 그때 웃어줄걸…….

타이밍을 놓친 파스타는 형편없지.

파스타의 생명은 면발이거든.

알덴테.
적당히 씹기 좋은, 그건 씹을 때 적당한 마찰력이 느껴지는,
적당한 저항감이 느껴지는 치감을 말해. 라면의 꼬들꼬들함 같은,
그 적절한 치감을 파스타에서 '알덴테'라 불러.
면 가운데 가는 심이 보이는 상태. 타이밍을 맞춘 면발은 탄력이 있어.
흐물흐물하거나 뭉그러지듯 씹히지 않지.

면발이 주인공인데 소스 범벅인 요리를 낼 순 없지.
양념으로 범벅된 것보다는 올리브오일과 마늘만으로 버무린
알리오올리오 파스타나 봉골레 파스타가 좋겠어.
진짜 타이밍을 잘 맞춘 면발을 맛보고 싶다면 말이야.

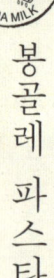

봉골레 파스타

    봉골레 파스타를 만들기 위해서는 우선 조개를 해감하는 것이 중요하다. 모래알이 서걱거리는 파스타로 식사를 망칠 수는 없으니까.
    소쿠리에 담은 조개를 마치 바닷속에 있는 것처럼 찬 소금물에 담가두고 약간 어둡게 신문지로 뚜껑을 만들어 덮으면 조개는 살짝 입을 열어 입안에 든 모래 알갱이들을 토해낸다. 다시 말해 해감하는 것은 조개를 속이는 기술이라고나 할까.

    올리브오일을 두른 팬에 마늘과 조개, 화이트와인을 넣고 충분히 볶다가 적당히 익었을 때, 그러니까 조개들이 하나둘씩 쩍쩍 입을 벌릴 때 삶은 파스타 면을 넣어 볶아내면 봉골레 파스타 완성.
    화이트와인을 넉넉히 넣어야만 조개 안으로 와인이 들어가 맛있는 소스가 완성된다.
    이렇게 간단한 요리이기 때문에 조개의 역할이 그만큼 중요한 거다.

모래가 지분거리거나 너무 삶겨 질깃질깃해진 면발의 봉골레 파스타는 정말 눈물 나게 화나고 마음 상하는 일이니까.

모든 것이 그렇듯, 타이밍이다.

서두르면 설익고
우물쭈물하다가는 푹 퍼져버린다.

모든 게 그렇듯이 말이다.

커다란 냄비에
넣어야 해.
타이밍이 생명이지.

"알덴테.
타이밍이 중요해"

모래알이 서걱거리면 다 망쳐버려.
해감을 다 토해내게 해야지.

풋.
'처음 나온' '덜 익은' '깊지 않은'
풋사랑, 풋과일, 풋콩, 풋잠……
떫고, 시고, 그러나 싱그럽고 풋풋한 것들.
여물지 않아서, 너무 깊지 않아서
그 '어설픔'이 예쁜 것들.

세월이 지나면 다시 못 올 '풋것'의 시간들, 색깔들, 냄새들.

풋내 나는 시간들. 그 풋내를 즐겨. 다시 못 올 시간들이니까.

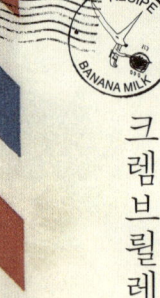

크렘브륄레

실수투성이 '풋'의 시간들. 서툴고 설익은 풋내 나는 시간들을 지나다 보면 가슴에도 푸른 멍드는 날이 많다.

그런 날은 '괜찮아, 괜찮아, 다 괜찮아'라고 말해주는 것 같은 그런 부드러움으로 가득한 무언가가 필요하다.

어느 날, 동굴 같은 작은 카페를 찾았을 때, 활활 불을 피우며 나를 위로했던 크렘브륄레가 좋겠다.

달걀노른자와 크림치즈, 바닐라빈이 촉촉하게 어울린 커스터드푸딩 위에 딱딱하게 막을 이룬 캐러멜을 숟가락으로 톡톡 깨 먹는 즐거움. 프랑스식 디저트 크렘브륄레다. 영화 「아멜리에」에서 귀여운 단발머리의 아멜리에가 먹던 음식이다.

마스카포네치즈와 크림치즈, 우유, 바닐라빈, 달걀노른자, 생크림, 설탕. 크렘브륄레가 탄생하는 데 필요한 재료들.

우유와 생크림은 볼에 담아 전자레인지에 1분 30초에서 2분간 데우거나 냄비에 부어 가장자리에 살짝 기포가 올라올 때까지 끓인다. 바닐라빈은 칼로 반으로 갈라 씨를 긁어내어 껍질과 함께 데운 우유에 담가 향이 우러나도록 5분 정도 둔다. 치즈는 부드러운 상태가 되도록 실온에 꺼내둔다. 오븐을 150도로 예열한다. 재료를 모두 섞어 그릇에 오븐 용기에 담는다. 오븐용 트레이에 뜨거운 물을 부어 중탕으로 굽는다.

크렘브륄레를 만들 때 꼭 필요한 도구라면 가스 토치가 있다. 커스터드 윗면에 설탕을 뿌려 캐러멜화할 때 쓰는 도구이다. 설탕이 불에 그을려 갈색으로 변해야 제대로 된 크렘브륄레가 탄생한다.

외사랑

당신을 처음 봤을 때가 지난 4월이니까, 한창 예쁠 때였죠.
숨 막힐 듯 싱그러워서 나는 한참을 보고 서 있었으니까요.
언제나 그 자리에서 그렇게 웃고 있던 당신.

눅진눅진 장마철이 지나 햇볕이 말 그대로 작열하는 여름에도
나는 당신을 보며 견뎠습니다.
당신은 더 늠름해져 있었으니까요.
가을에는 우수에 젖어 있더니,
겨울 한가운데, 바싹 마른 얼굴로 외롭게 서 있더군요.
해지는 저녁, 붉은 하늘을 등지고 선 당신을
또 무작정 바라만 보았습니다.
나는 아직 당신의 이름도 모릅니다.

당신은 알까요.
내 심장이 곤두박질 칠 때나 펄쩍펄쩍 뛰게 기쁠 때나
당신을 찾아오고 있다는 걸요.
이렇게 멀찍이 떨어져서 당신을 한참이나 바라보다 간다는 걸요.

모를 테죠.
모를 테죠.

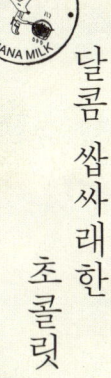

달콤 쌉싸래한 초콜릿

외사랑이 쓰기만 하고 아리기만 한 건 아니다.
누군가를 마음속에 고이 숨겨두고 좋아하는 건,
마치 입안에 초콜릿 한 알을 올려놓고 서서히 녹여 먹는 것처럼
때로 달콤하기까지 하니까.
누군가로 인해 심장이 잠자리 날개처럼 파르르 떨릴 수 있다는 거,
내 심장이 박박 세상을 긁고 다녀도 아무렇지 않은 철수세미 같은 것만은
아니었구나, 하면서 다시 한 번 달콤 쌉싸래한 사랑에 빠진다.

"대용 유지로 만든 인스턴트 초콜릿으로 인해 그동안 초콜릿은 참으로 오랜 편견에 시달려야 했어요. 카카오버터가 아닌 대용 유지로 인해 초콜릿이 비만을 일으킨다거나 콜레스테롤 수치를 높인다는 오해를 받아왔어요. 하지만 카카오버터로 만든 진짜 초콜릿은 오히려 혈중 콜레스테롤 수치를 낮추는 효과가 있거든요."

수제 초콜릿 가게의 쇼콜라티에는 이렇게 말했다. 모든 '진짜'가 그렇듯이 '진짜' 초콜릿은 그렇게 쉽게 얻어지지 않는 법이라고.

진짜 초콜릿은 다른 대용 유지를 섞지 않은, 100퍼센트 카카오버터로 만든 초콜릿을 말한다. 카카오 원료 함량이 최소 32~39퍼센트 이상인 초콜릿 말이다.

누군가 기다려진다는 것

누군가 기다려진다는 것,
누군가로 인해 심장이 다시 '나 여기 살아 있음' 하고
신호를 보내기 시작한다는 것.

누군가 진짜 좋아해본 적 있어요?
그 사람만 보면 딸꾹질이 나고
그 사람만 보면 후다닥 어디 숨을 곳부터 찾고
갑자기 맞닥뜨리면 숨이 턱 막힐 것만 같은 그런 것.

그 사람 앞에 서면 갑자기 모든 배경이 정지되고
눈썹 깜빡이는 것조차 슬로모션으로 느리게 움직이면서 아득해지는 것.

그 사람이 빙긋 웃어주면 종일 하늘을 날고
그 사람이 눈길 한 번 주지 않은 날은 하루 종일 처진 어깨로 걷고
그 사람이 말 한마디 걸어주면 마음속에 저장하고
천 번도 더 꺼내 들어보는.

그가 아무렇지도 않게 준 머리핀 하나에도 세상을 다 가진 듯 벅차서
친구의 명품 가방 같은 건 하나도 탐나지 않는, 그런 것.

누군가 좋아하면 마음이 가난해져요.
마음에 아무 욕심 없고, 그 사람만 웃어주면 되고
그 사람만 말 걸어주면 되니까.
그가 준 것이라면 연필 한 자루라도 절대 잃어버리지 않아요.

그 사람이 무심히 건넨 사탕 한 알도 차마 먹지 못하고
오래오래 주머니에 넣고 만지작거리며 다니겠죠.

굵은 알사탕을 입안에서 천천히 녹여 먹던 그 마음처럼,
설레고 설레는 순간들이 천천히 갔으면 하고 바라던 시간들.

캐러멜

누군가로 인해 심장이 뛰는 시간은 달콤하다. 아직 아무에게도 발각되지 않은 그 비밀스러움이 달콤하고, 아직 고백조차 하지 않았으니 거절의 상처로 가슴 아플 일도 없다. 마치 혼자 캐러멜 한 조각을 입에 넣고 살살 녹여 먹는 그런 기분이랄까.

진짜 캐러멜은 어릴 때 먹던 종이 상자 안의 밀크캐러멜처럼 이 사이에 쩍쩍 끼거나 먹은 뒤에 입안에 찝찌름한 단맛이 남아 있거나 하지 않는다. 진짜 캐러멜은.

홍차나 커피와 잘 어울리고 입안에서 부드럽게 녹으며 내는 진한 우유 맛의 생캐러멜. 설탕과 버터, 물엿을 넣고 약한 불에 끓이다가 연한 갈색이 돌면 생크림을 넣어가며 가열해 만드는 그런 생캐러멜 말이다.

서교동 성당 근처 슈아브는 진짜 캐러멜을 파는 가게다.

패션후르츠 캐러멜, 라즈베리 캐러멜, 소금버터 캐러멜, 쇼콜라 캐러멜

20여 가지 천연재료로 만들어진 수제 소프트 캐러멜들이 진열돼 있다.

캐러멜 외에 푸딩과 마카롱도 있다. 우유에서 분리해 만든 100퍼센트 유크림만을 사용해 완성한 캐러멜은 18~24시간 동안 냉장 숙성시켜 풍부한 맛을 낸다.

가끔 내가 가장 좋아하는 무화과 캐러멜 몇 개 사서 주머니에 넣고 길을 가며 야금야금 먹는다. 설레는 마음으로.

문득 아름다운 것과 마주쳤을 때
지금 곁에 있으면 얼마나 좋을까 하고
떠오르는 얼굴이 있다면 그대는
사랑하고 있는 것이다

그윽한 풍경이나 제대로 맛을 낸 음식 앞에서
아무도 생각하지 않는 사람
그 사람은 정말 강하거나
아니면 진짜 외로운 사람이다

종소리를 더 멀리 내보내기 위하여
종은 더 아파야 한다

_이문재, 「농담」

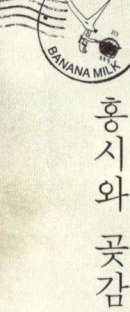

마당 있는 집에 살게 된다면
감나무는 꼭 심으리라 마음먹었다.

가을이 익어갈수록 함께 수줍게 익어가는 감나무를 보아야지.
열매가 노을처럼 붉게 물들어가면서
말캉말캉한 홍시가 되는 것을 보아야지.
가을 햇볕 벅찬 날, 물 많은 홍시 한 개를
입안에 넣고 흥건하게 차오르는 단맛을 즐겨야지.
얼마는 얼려두고 한여름 더위가 불쑥 엄습해오면
하나씩 하나씩 꺼내먹으며 얼린 가을의 맛을 봐야지.

생감은 껍질을 깎아 실에 주렁주렁 매달아 곶감을 만들어야지.
곳간에 양식 장만하듯 넉넉히 감을 말려 곶감을 장만해두고 마음과 몸이 노곤해진 날, 야금야금 꺼내 먹어야지.

감나무 한 그루 곁에 두고
햇볕과 바람과 시간이 잘 여물게 해주는 감나무 곁에서
나도 따라 잘 여물어가야지.

그럼, 잘 있어

어린왕자는 다시 여우에게로 돌아왔다.
"그럼, 잘 있어." 그가 말했다.
"잘 가!" 여우가 말했다.

_생텍쥐페리, 『어린왕자』에서

『어린왕자』의 여우는 담담하게 "잘 가" 하고 인사했다.
그 말밖에 달리 무슨 말을 할 수 있겠는가.

사막에 온 어린왕자에게 '길들여진다'는 것에 대해 말하던 여우는
누구보다 외로웠다.
어린왕자에게 "제발 나를 길들여줘"라고 고백할 수밖에 없었던 여우는
사실은 어린왕자에게 '잘 가'라는 말 대신
'곁에 있어줘'라고 말하고 싶었을 거다.

사막여우에게 이제 3시부터 행복해지기 시작할 일은 없다.
서서히 다가오는 발소리에 심장이 고동치는 일도 없다.

잘 가.

가끔 궁금하겠지.
잘 있는지.
그리고 또 가끔 궁금할 거야.
너도 내가 가끔 잘 있는지 궁금해 하는지.

인도식 차이

인도에서는 차이를 유약을 바르지 않은 토기에 담아주는데, 마시고는 바로 깨뜨려버린다고 한다. 진짜 인도식 차이 맛을 보고 싶기도 하거니와 통쾌하게 잔을 던져보고 싶은 마음에 인도 여행자가 되고 싶어진 적이 있다.
  미련 없이 찻잔을 깨뜨리고 다시 길을 떠나고 싶은.
  찻잔이 깨지는 소리와 함께 미련 같은 것도 날려버릴 수 있겠지.

  차이 한 잔을 끓여 마셔볼까. 차이는 인도식 차로 계피, 카르다몸, 정향 등의 향신료를 홍차와 함께 우유에 넣어 냄비에 끓여낸 음료다. 향신료의 강한 향과 단맛이 온몸을 따뜻하게 덥혀주는 음료로 으슬으슬 마음에 감기가 올 것 같은 날 마시면 좋다. 특별히 다양한 향신료가 없다면 계피나 생강만으로도 충분하다.

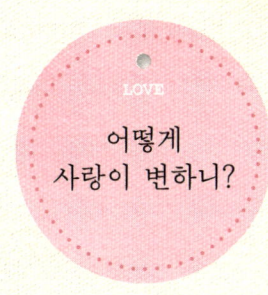

몇 살 때이던가. 사랑이 지나가던 때. 사랑이 변하던 때, 그날.
어떻게 사랑이 변하니? 라든가, 날 사랑하긴 한 거니? 날 사랑했던 적은 있긴 한 거니? 우리가 사랑하긴 했을까? 등등의 참 민망하고 오글거리는 말들을 쏟아낸 때가 있었다. 스스로 이런 말은 정말 하지 말아야지 하면서도 진부하고 상투적인 이별의 문장들을 쏟아내던 때, 그러면서 심장이 불에 덴 것처럼 통증을 느끼던 시간들.
독감처럼 밤이면 통증은 더 심해져서 숨도 못 쉴 것 같다는 노랫말 가사가 아, 이렇게 사실적인 언어였구나 하는 것을 통감하던 시간들.

그런 어느 시간, 나는 벚나무 아래에 있었다.
벚꽃이 화창하고 바람이 불어 눈꽃처럼 벚꽃이 휘날리는 세곡동의 숲길. 내 몸에는 나를 지탱하게 해줄 아무런 기력도 남아 있지 않았고, 곁에서 보고 있던 친구는 가져온 러그를 깔고 작은 무릎 담요로 가만히 나를 덮어주었다.

"잠깐만 누워 있어."

나는 마른 김처럼 바스러지듯 길 위에 누웠다.

아무도 지나다니지 않는 한적한 숲길에 누워 벚나무를 본다.

꽃잎들이 후드득후드득 내 얼굴 위로 떨어진다.

마치 흙 속에 묻힌 사람처럼 누워 있다.

바람에 죽음을 풀어놓는 풍장도 있고, 물속에 죽음을 묻는 수장도 있는데, 이런 건 꽃잎에 묻히니 화장花葬이라고 해야 하나.

이렇게 묻히고 나면 이제 이 고통스러움에서 벗어날 수 있을까.

가만히 눈을 감고 흩뿌려지는 꽃잎을 계속 맞고 있었다.

친구는 잠시 자리를 비운 채였다.

나 혼자 남았다. 벚꽃 나무 아래.

바람만 불어도 후드득 떨어지는 꽃잎들이 나를 감싸주던 그 시간.

그때 한 무리의 사람들이 숲길을 지났다.

그들 눈에 비친 풍경은 얼마나 이상했을까.

발치에 걸리는 한 사람을 보고 깜짝 놀랐으리라.

몸에는 작은 담요를, 얼굴에는 꽃잎을 덮어쓴 기이한 모습의 사람.

아, 젠장. 순간 쥐구멍이라도 찾고 싶은 심정이었던 걸 보면 아마 덜 아팠는지도 모르겠다.

세월이 흐르고, 마음의 시간도 꽤 나이를 먹어가도 4월이 오고, 벚꽃이 핀다. 벚꽃을 보면 늘 그 시간이 떠오른다. 그렇게 아파할 줄도 아는 청춘이었구나.
아파할 줄 모르면 그건 또 청춘이 아니니까.

벚꽃차

시골에 사는 지인이 차를 보내주셨다. 벚꽃차.

벚꽃 잎을 그렇게 허망하게 보낼 수만은 없어서 벚꽃차를 담그셨단다.

"벚꽃차는 여덟 겹의 벚꽃으로 담근 것이 좋아요. 꼭지가 붙은 벚꽃을 물에 살짝 씻은 다음 물기를 빼고, 꿀에 절이거나 소금물에 담가 숙성시킵니다. 그렇게 숙성시킨 벚꽃 잎을 차로 우려 마셔요. 맛도 좋지만 실은 멋에 마시는 차랍니다."

기침에 좋다는데, 사랑도 기침처럼 속일 수 없는 거라니까 자꾸 터져나오는 기침을 다스리듯 쓰려오는 마음을 다스리는 데도 효과가 있을까.

뜨거운 찻물에 절인 꽃잎 한 술을 넣자 벚꽃들이 벙긋 피어올랐다.

사람들은 이렇게 사라져버리는 것들을 못내 아쉬워하는구나, 차 안에 담긴 4월의 꽃을 보면서.

하루치 사랑

당신을
영원히 사랑해, 라고 말하는 것은 장담하기 어렵겠지만
당신을 평생, 죽어서도 사랑해, 라고 말하기는 좀 겸연쩍지만

당신을
오늘이라 부르는 이 하루 동안은 사랑해.

그리고 아마
내일이라 부르는 그 날에도 사랑하겠지.

하루씩
하루씩
사랑할게.

차곡차곡
하루치 사랑의 분량을 다해
오늘은 힘껏 사랑해.

이렇게 말해주는 편이 좋을까.
영원히 사랑해, 이런 말은 유효기간이 짧다는 걸 알면서도
왜 그 순간에는 그렇게 찰떡같이 믿게 될까.
시작만 열렬한 사랑 말고, 하루하루 더 밀도를 높여가는 사랑,
담담한 듯 오래오래 가는 사랑,
이 나이가 되고 보니, 그런 사랑이 더 믿음직스러운 건데.

브룃헨

달달한 필링이 듬뿍 들어 있는 매혹적인 빵들은 순식간에 페로몬을 발산해서 나를 혹하게 하지만, 오래오래 두고두고 먹기에는 적당치 않다. 매일 아침 먹을 수 있는 빵, 오래오래 질리지 않는 빵은 독일 빵 브룃헨 같은 담담한 빵이다.

독일 사람들이 아침에 먹는다는 이 작은 빵은 바게트처럼 겉은 바삭하고 속은 부드럽다. 버터나 우유, 생크림 같은 건 일절 들어 있지 않은, 소금과 물, 밀가루만으로 만드는 빵이다. 그냥 먹어도 맛있지만 호밀로 만든 빵에는 기름기가 없으므로 버터를 발라 먹으면 좀 더 부드러운 식감을 느낄 수 있다. 버터를 살짝 바르고 치즈 한 장과 햄 한 장을 끼워 먹으면, 아, 이 밋밋한 맛이 이렇게도 편하고 좋구나, 싶다.

기름기가 적고 설탕 함량도 낮기 때문에 다른 빵에 비해 좀 더 쉽게 마른다. 갓 지은 밥을 냉동실에 얼려두듯, 갓 구운 빵을 충분히 식힌 뒤 냉동실에 보관하고 먹을 때마다 오븐에 2~3분 정도 데우면 갓 만든 빵처럼 맛있게 먹을 수 있다.

밤의 마력은 마음에 채워둔 자물쇠들을 하나하나 끌러낸다.
자물쇠가 열리고 마음은 쏟아져나와 편지지를 흥건히 적신다.

편지는 사랑의 구애로 가득 차고
억제되지 않는 슬픔으로 얼룩지고
쏟아내는 마음의 언어들로 질펀하다.

아침이 오고,
밤에 쓴 편지를 읽는다.
마음이 넘쳐나는 밤에 쓴 편지를 구긴다.
다시 아침에 편지를 쓴다.
말갛게 세수를 하고 편지를 쓴다.

그립다고 써보니 차라리 말을 말자
그저 긴 세월이 지났노라고만 쓰자
긴긴 사연을 줄줄이 이어
진정 못 잊는다는 말을 말고
어쩌다 생각이 났노라고만 쓰자
잠 못 이루는 밤이면 울었다는 말을 말고
가다가 그리울 때도 있었노라고만 쓰자

_윤동주,「편지」

윤동주 시인이 말한 것처럼 그렇게.

간밤의 숙취가 몸 안에 구겨놓았던 감정들을 훌훌 풀어버렸나 보다.
뜨겁고 시원한 북엇국 한 그릇을 먹고 다시 마음을 여며야겠다.
마음을 여미지 않고 살다가는, 마음을 풀어헤치고 드러내놓고 살다가는
내 속이 많이 데일 테니까.

설레고 여리던 처음 사랑은 시간이 흐르면 딱딱한 군살이 배긴다.
울고불고 질펀해지는 건 딱 질색인데, 이별은 언제나 그렇게 품격을 갖출
수는 없으니까.
아침에 단정해진 마음도 밤이면 다시 질펀해질 테지.

북엇국

밤의 질펀한 감정이 진실일까, 아침의 말간 심장이 진실일까? 아무튼 아침을 먹어야겠다.

북엇국처럼 맑은 국물이 좋겠지.

무교동의 소문 자자한 북엇국집에서 북엇국을 맛본 후에야 아, 북엇국이 이렇게 맛있었나 했다. 그 집 맛만큼은 낼 수 없지만, 좋은 북어 한 마리 구했다면 집에서 끓여도 시원하고 뜨끈한 북엇국을 만들 수는 있을 테다. 무교동 집에서는 사골 육수를 내서 만든다지만 집에서는 그냥 북어만 쓰자. 북어 육수는 북어 대가리와 꼬리까지 넣어 푹 고아야 제 맛이다. 북어채만 달랑 넣어서는 깊은 맛을 내기 어렵다. 무교동 집처럼 두부도 깍둑썰기 해놓고, 달걀도 풀어서 준비한다. 북어 육수가 뽀얗게 우러나면 두부를 넣고 국간장, 소금, 후춧가루로 간하고 쪽파와 달걀물을 넣어 끓인다. 아, 북어채를 넣을 때는 참기름에 달달 볶아주면 고소한 맛이 깊어진다. 하지만 맑은 맛을 좋아하면 참기름에 볶는 건 생략하자.

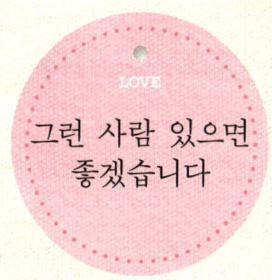

1.
마루에 누워 대자로 팔 벌리고 낮잠도 자고
후드득 처마 끝 빗소리도 듣고
한지를 스미고 들어온 달빛도 보고
마당에 나와 후루룩 떨어질 것 같은 별도 보고
사락사락, 바람에 움찔거리는 풀꽃들 소리도 듣고.

그럼, 참 좋겠다.

그러나 나는 지금 네모난 섬,
작은 서랍 같은 시멘트 건물에 틀어박혀
바람이 부는 소리도
별이 총총 뜨는 소리도

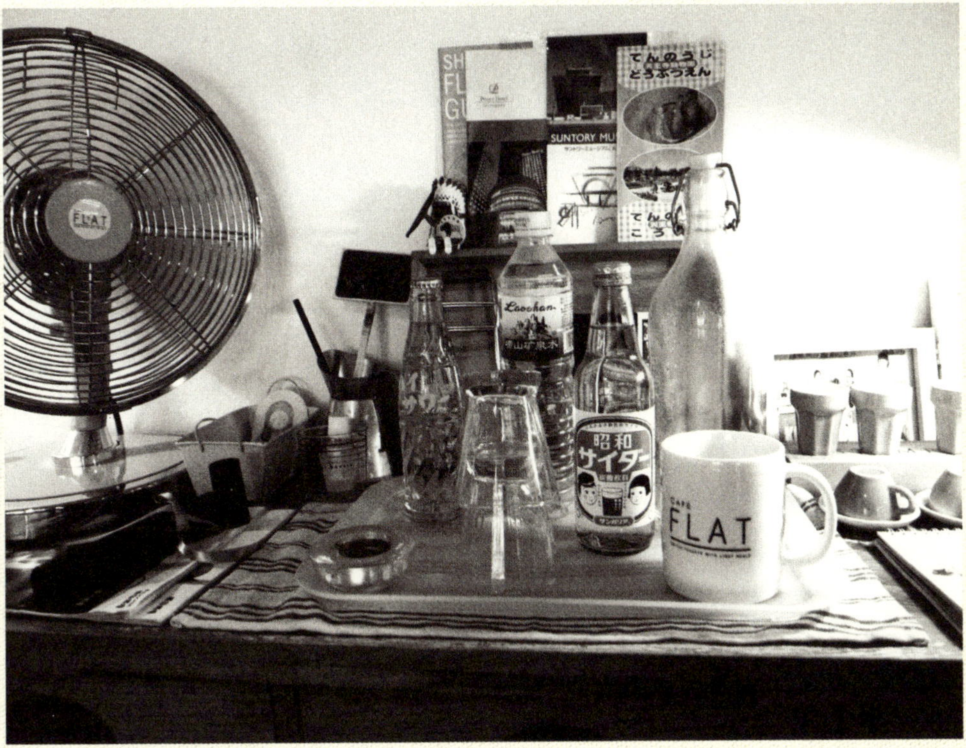
FLAT
てんのうじ
どうぶつえん
SUNTORY MU
昭和
サイダー
CAFE
FLAT

햇볕 와글거리는 소리도
달빛 부서지는 소리도

당신이 오는 소리도 듣지 못한다.

2.

옥상에 방 한 칸, 작은 마당 하나, 그리고 빨간 등 달린 뒷간 하나가 있던 우리 집. 거사를 치르고 화장실을 뛰쳐나오다시피 나와 마당에 서면 세상을 가득 채운 달 하나를 만나곤 했다.
두려움에 떨며 화장실에 들어갈 때면 내 등을 토닥토닥 두드려주던 그 달. 나올 때는 방긋 웃으며 잘했어, 라고 말해주던 그 달.
나의 어린 시절 억울함과 답답함과 슬픔과 설렘과 희망과 그리움의 수다를 오롯이 들어주었던 옥상의 달님.
웃풍이 심해 겨울이면 이불을 뒤집어쓰고 책상에 앉아 책을 읽어야 했지만, 뒷간이 밖에 있어 밤마다 심장이 오그라들었지만, 계단이 높아 하루에도 몇 차례 미끄러지고 나뒹구는 참사가 있었지만, 마당에 뜨는 달이 있어 모든 허물이 덮어졌던 옛 집.

오늘은 보름달이 떴을까, 반달이 떴을까, 초승달이 떴을까.

좋아하는 아이와 짝이 되게 해달라고 빌고, 미워하는 아이에게 저주의 마
법을 주문하던 그 달.
밤하늘에 비구름이 가득 끼어 보이지 않는 날이면 아쉽고 아쉽던 그 달.

그 달을 한 열흘 즈음 올려다보지 않고도
그립지도, 아쉽지도 않은,
어른이 되어버렸다.

오랜만에 집에 오는 길, 물끄러미 달을 올려다보다가

미안하다, 달.

3.
크루아상은 초승달처럼 생겼다고들 한다.
나는 흰 바람떡을 보면 반달 같다고 생각한다.
아니, 반달을 볼 때면 바람떡이 생각난다고 하는 게 맞을 거다.
바람떡을 어지간히도 좋아해서
어릴 때면 용돈을 모아 혼자 떡집으로 달려갔다.
한입 베어 물면 피식 바람이 새어나오고

달콤한 거피 팥 속이 씹히는 바람떡.

달이 사라진다면
그렇지 않아도 해저 100미터 즈음에 파묻어 둔
그리움 같은 건 수면에 떠오를 일 없을 거다.
그렇지 않아도 고갈되고 있는
지구의 낭만 같은 건 반쪽도 남지 않을 거다.
그렇지 않아도 마른 모래만 날리는 사람의 마음에
풀 한 포기도 나지 않을 거다.

그러고 보니, 달아,
고맙다.
오늘도 둥실, 떠올라줘서.

크루아상

    버터가 많이 들어가 부드럽고 짭짤해서 유럽에서는 아침식사용으로 쓰인다는 크루아상. 잘 구워진 크루아상은 가볍고 속이 층층이 멋진 모양을 하고 있다. 이름만 들으면 프랑스 태생 같지만 실은 헝가리에서 오스트리아로, 루이 16세의 왕후였던 오스트리아 출신의 마리 앙투아네트에 의해 프랑스로 전해지게 된, 여행 경력이 꽤 화려한 빵이다.

    버터가 듬뿍 들어간 크루아상은 그냥 먹어도 맛있지만 샌드위치를 만들어서 점심 한 끼로 먹어도 좋다. 양상추와 양파, 토마토, 오이 등 채소를 적당한 크기로 뜯거나 슬라이스 해두고, 크루아상을 반으로 가른다. 양상추를 깔고, 토마토, 양파, 햄을 올린다. 나머지 크루아상 한 면에는 버터를 바른다. 햄 위에 마요네즈와 머스터드를 바른 후 오이와 치즈를 올리고 빵으로 덮으면 끝.

Daily
일상

말랑말랑한 흙이 말랑말랑한 발을 잡아준다
말랑말랑한 흙이 말랑말랑 가는 길을 잡아준다

말랑말랑한 힘
말랑말랑한 힘

함민복_「뻘」에서

반찬 찌꺼기처럼 초라해진 마음을 안고 집으로 돌아가는 길,
빵집에 들른다.
몽글몽글 순두부처럼 뽀얀 빛깔을 하고 찐빵처럼 봉긋 부풀어오른 채
나를 반기는 하얀 빵 하나를 집어 든다.
한 점 뜯어 입안에 넣으니 고소하고 따뜻한 우유 맛이
부드럽게 입안을 감싼다.

말랑말랑한 빵.

함민복 시인이 노래한 '말랑말랑한 힘'의 저력을 보여주기라도 하듯 뻑뻑하기 그지없던 마음이 조금 말랑말랑해진다.

다정한 빵.
내게 오늘 다정함을 보여준 건 그 누구도 아닌 당신.

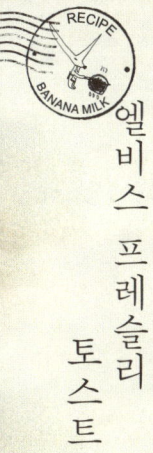

엘비스 프레슬리 토스트

    먹어도 먹어도 그다지 주는 것 같지 않은 커다란 바나나 다발 하나가 부엌 한쪽에서 나 좀 잡아 잡수, 하고 쳐다본다. 빵집에서 사온 식빵으로 바나나 토스트를 만들어 먹기로 한다.

    흔히 먹는 바나나 시나몬 토스트는 일명 엘비스 프레슬리 토스트라고 불린다. 만드는 법은 간단하다. 식빵 두 장을 꺼내 살짝 구운 후 식빵 한 장에 땅콩버터를 바르고 얇게 썬 바나나를 촘촘히 깔아준 후 시나몬 가루를 솔솔 뿌리고 나머지 식빵으로 덮는다.

    1930년대 전 세계를 뒤흔든 대공황으로 모두가 힘들었던 그때, 미국 한쪽에서는 농산물이 썩어나갔지만 정작 대다수의 국민들에게는 식량이 유통되지 않아 많은 사람들이 굶주렸다. 그때 살기 위해 만들어 먹기 시작한 음식이 땅콩버터 토스트. 그렇게 생존의 이미지를 갖고 있던 이 음식은 엘비스 프레슬리의 사랑을 받으면서 일약 엘비스 프레슬리 토스트라 불리는 영광을 누리게 되었다. 로큰롤의 황제인 그는 두툼하게 땅콩버터를 바르고 그 위에 바나나와 시나몬 가루를 뿌려 즐겼다. 고열량의 당도 높은 땅콩버터를 듬뿍 바른 걸 보면 그도 달콤한 것에 허기져 있던 건 아닌지.

준비할 것은 식빵 2장, 땅콩버터 1큰술(취향에 따라 2큰술), 바나나 한 개, 시나몬 가루 약간.

바나나는 얇게 썰고, 땅콩버터를 바른 식빵에 바나나를 얹은 후 그릴 팬에 굽는다. 토스터를 사용할 경우에는 빵을 먼저 구운 후에 땅콩버터를 발라 먹어도 무방하다. 더 높은 열량을 원한다면 베이컨 몇 줄 정도 구워서 끼워 먹어도 괜찮겠지.

Daily
검고 음습한
절망

벗어나고 싶은데 벗어날 수가 없다.
정말 지푸라기라도 잡고 싶은데 그 지푸라기마저 없다.
차차 익숙해지겠지.

차차 익숙해져서

어느 순간에는 벗어나오고 싶은 마음조차 사라지겠지.

지푸라기라도 잡고 싶은 마음조차 사라지겠지.

차차 익숙해질 거다.

검고 음습한 절망에.

소주

봄에는 살냄새가 진동해서 자꾸 도망만 다닌다 머물 수 없다 이미 지쳤다 어제는 정읍까지 가는 동안 새살 드러낸 들판의 흙들도 그냥 지나쳤다 살냄새가 너무 짙었다 구름처럼 피어 있는 벚꽃나무 하나도 그냥 지나쳤다 살냄새가 너무 짙었다 대숲 하나와 높은 까치집 하나만 공들여 보았다 그들은 살냄새가 없어서 깊게 머물렀다 하루에 한 번씩 술을 마셔야 하는데 술도 소주 2홉이 가장 적당했다 소주는 언제나 깡마른 사내였다

_정진규, 「소주」

살 냄새, 삶 냄새. 생의 냄새로 진동하는 봄, 그 찬란한 생을 감당할 수 없는 남자는 도망치고 있다. 피어나는 생의 냄새를 견디지 못해 하루 한번 소주 2홉은 마셔줘야 살아가는 것을 견딜 수 있는 한 남자.

누구나 생의 냄새가 견디기 힘든 때가 있다. 나만 해가 떠오르는 것이 두렵고, 나만 꽃이 피어나는 게 역겹고, 나만 꽃가루가 흩날리는 게 견딜 수 없는. 그렇게 살 냄새가 견디기 힘든 시간, 곁을 지켜주는 것이 이 깡마른 사내, 소주가 아닐까.

Daily
로스팅을
하다

사람은 볶기 전의 원두 같은 존재야. 저마다의 영혼에 그윽한 향기를 품고 있지만, 그것을 밖으로 끌어내기 위해서는 화학반응이 필요하지. 그래서 볶는 과정이 필요한 거야. 어울리면서 서로의 향을 발산하는 것이지.

_스탠 톨러, 『친구』에서

로스팅을 하는 커피집 아저씨가 말하길, 맛있는 커피의 중요한 요건은 물론 신선한 원두지만, 그 원두의 가치를 최고로 이끌어내는 것은 로스팅에 달려 있다고 한다. 원두의 잠재력을 최대한 이끌어내는 것이 바로 로스팅의 매력이어서 한번 로스팅에 발을 들여놓은 사람은 당최 빠져나가기가 힘들다는 말도 덧붙였다.
커피가 가진 최고의 향, 최고의 맛, 최고의 무게감까지 가장 잘 우러나오도록 혼신을 다하는 것, 그것이 로스팅이라고.

나 또한 오늘도 이렇게 달달 볶이는 건 나의 향과 맛과 질감을 이끌어내기 위해서일까? 궁금해졌다. 이 시간들은 그냥 나를 까맣게 태우기만 하는 것은 아닐까? 나 제대로 볶이고 있는 거야? 갑자기 버럭 화가 나기도 한다.

내 영혼의 향기를 잘 끌어내며 살고 있는지, 궁금해졌다.
그냥 쓰기만 한 커피, 그냥 신맛만 나는 커피로 볶여, 내가 가진 영혼의 향기 같은 건 꺼내보지도 못하고 살고 있는 건 아닐까 해서.

더치커피

조급해하지 말아야지.

내가 가진 최고의 향기가 어느 시점에 우러날지 모르니까.

더치커피가 똑똑 한 방울씩 기구를 타고 내려오는 걸 보면서 생각한다.

더치커피는 'Water Drip Coffee'라고도 불린다.

커피는 대부분 뜨거운 물로 내리지만, 더치커피는 찬물로 추출한다. 하루 열 시간 이상 추출해, 실온에서 하루 숙성하고 냉장 보관한다. 시간의 커피. 방울방울 떨어지는 게 꼭 눈물 같다고 해서 '커피의 눈물'이라고 불리는 커피. 이렇게 천천히 내린 커피를 다시 냉장고에서 숙성시키면 더치커피만의 향과 맛이 살아난다.

가슴이
콱 막힐 때

1.

고종 황제는 야참으로 평양식 냉면을 즐겼다고 한다.
육수는 배가 많이 들어간 동치미,
고명으로 양지머리를 삶아낸 편육, 달걀지단, 잣이 올라간 평양냉면이다.
자극적인 맛을 싫어해 담백하고 차가운 평양식 냉면을 즐겼다는 고종 황제.

아침에는 덕수궁 정관헌에 앉아 커피로 시름을 달래고
밤에는 쩡쩡한 평양냉면으로 나라 잃은 설움을 달랜 것일까?
그것밖에는 위로받을 게 없던 시절.

2.

가슴이 콱 막힌 날,

하지만 아무것도 할 수 없는 날,
나도 고종 황제처럼
쩡한 동치미 국물에 만 냉면 한 그릇을 먹는다.
그 쩡하고 시원한 맛이 가슴을 뻥 뚫어주고
심심한 메밀 향이 마음을 위로해주니까.

가끔
가슴은 꽉 막히지만, 아무것도 할 수 없는 시간들이 찾아온다.
나와는 너무 먼 시간 속에 살았던,
그리고 일개 범부인 나와는 너무 먼, 비극의 시기에 황제라는
무거운 책임 속에 살았던 고종과 나는 아무런 인연도 없지만
나나 고종 황제나 때때로 가슴 꽉 막히고 아무것도 할 수 없는
시간을 지낼 수밖에 없다는 것만으로도 비슷한 사람이니까.

그래서 가끔 심심한 평양냉면 한 그릇에 위로를 받는다.
쩡한 동치미 국물에 고종이 위로받았던 것처럼.

    아, 이 반가운 것은 무엇인가
    이 희수무레하고 부드럽고 수수하고 슴슴한 것은 무엇인가
    겨울밤 쩡하니 닉은 동티미국을 좋아하고

얼얼한 댕추 가루를 좋아하고 싱싱한 산꿩의 고기를 좋아하고
그리고 담배 내음새 탄수 내음새 또 수육을 삶는 육수국 내음
새 자욱한 더북한 삿방 쩔쩔 끓는 아르궅을 좋아하는 이것은 무
엇인가

이 조용한 마을과 이 마을의 으젓한 사람들과 살틀하니 친한 것
은 무엇인가
이 그지없이 고담하고 소박한 것은 무엇인가

_백석, 「국수」에서

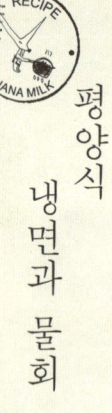

평양식 냉면과 물회

평양냉면은 평안도 평양 사람들이 밤에 즐겨 먹던 야식이다. 평양 사람들은 매일 야식으로 냉면을 자주 먹어서 국수틀을 아예 솥 위에 걸쳐 놓았다고 한다.

평양냉면의 가장 큰 특징은 맵거나 짜지 않은 시원한 맛이다. 그 비결은 육수에 있는데, 이 냉면에는 어떤 양념도 하지 않고 꿩을 삶은 국물 또는 양지머리를 삶아 기름을 걷어낸 쇠고기 국물에 잘 익은 동치미 국물을 섞어 차게 해서 먹기 때문에 가슴이 후련해질 정도로 시원한 맛이 난다.

_이욱정, 『누들 로드』에서

서울에서 꼽는 평양냉면집이라면 필동면옥, 봉피양, 우래옥, 평양면옥 등이 있다.

충무로의 필동면옥은 메밀로 만든 부드러운 면발에 밍밍하다 싶은 냉면 육수가 평양냉면을 그리워하는 실향민의 발길을 붙잡는다. 방이동에 있는 봉피

양은 메밀을 직접 빻아서 속껍질만을 사용하는데 100퍼센트 메밀로만 반죽해 만드는 순면과 전분을 30퍼센트 넣어 만든 것으로 나뉜다. 육수는 한우 육수와 동치미 국물을 섞어 만든다. 우래옥은 1946년에 문을 열었다. 육수는 묵직하고 짭조름한 맛이 난다. 이곳은 불고기로도 유명하다. 장충동 평양면옥은 1층에 제분소가 있어 직접 메밀을 빻아 사용한다. 육수는 한우로만 2~3시간 이상 푹 고아내어 쓴다. 심심한 듯 적당히 간이 되어 있다. 평양냉면 면발의 특징이 그렇듯 '이거 뭐야'하게 심심한 듯하지만 씹을수록 고소한 맛이 난다.

평양냉면만큼이나 속 답답한 날 위로가 되는 음식으로는 물회가 있다.

어느 고단한 날 바다를 바라보며 훌훌 퍼먹었던 물회 한 그릇. 콩가루를 한 사발 들이마신 듯 속이 답답한 날이나, 퍽 하고 쓰러져버릴 듯 고단함이 온 삭신에 사무칠 때면, 들이켜듯 훌훌 먹은 물회가 생각난다.

물회는 고단한 마음을 찡하게 달래주던 음식이다. 어부들이 생선을 잡아 올리는 고된 노동이 끝나고는 배 위에서 그저 쓱쓱 썰어 된장이나 고추장을 넣고 찬물에 밥 말아 먹듯 새콤달콤매콤하게 말아 먹던 음식. 생선을 잡아 올리느라 점심 챙겨먹을 겨를도 없을 때 그냥 마시듯 먹었던 음식. 화려한 장식과 함께 몇 점 내놓는 생선회가 아니라 훌훌 퍼 먹는 물회. 포항의 물회는 고추장 양념이 강하고, 제주도는 된장을 풀어 구수한 맛이 난다.

맥주와 두부, 토마토와 풋콩과 가다랑어 말린 것만 있으면 여름의 저녁은 극락이다.
_무라카미 하루키, 『작지만 확실한 행복』에서

정말 그럴까?
그렇겠지.

세상을 다 가져도 허기져하는 게 사람이지만
겨우 맥주와 두부, 토마토와 풋콩, 가다랑어 말린 것만으로도
극락을 누릴 수 있는 게 사람이기도 하니까.

누구나 한 번쯤 사막 같은 시간을 걸어간다.
입안에 까끌까끌한 모래알만이 가득한 시간.

얼굴에 소금기만 버석버석한 시간.

사막 같은 시간을 지나며
겨우 맥주와 두부, 토마토와 풋콩이 주는
작지만 확실한 위로에 어깨를 기대어본다.

겨우, 그런 것에.
겨우, 그깟 것에.

토마토와 치즈

고소한 생 치즈는 아주 달지도, 아주 시지도 않은 싱그러운 토마토와 좋은 짝이다.

언뜻 보면 이게 좋은 짝인지 아닌지 잘 알 수 없다. 돼지고기와 새우젓처럼 익숙한 궁합의 재료들이 아니니까. 토마토라면 설탕이지. 새콤한 토마토가 영 입맛에 맞지 않았던 내게 엄마는 토마토를 얇게 썰어 설탕을 솔솔 뿌려주셨다. 아, 갑자기 환골탈태한 토마토의 맛이란. 국물까지 쪽쪽 마셔가며 사랑해 마지않았던 토마토는 그 후로 설탕과 짝을 지어줬다.

설탕만이 토마토의 진정한 짝이라고 믿어온 내가, 조금 자라 제대로 된 파스타 가게에 갈 기회가 생겼다. 접시에 담겨 나온 토마토와 뽀얀 치즈. 이 둘은 어떤 관계지? 카프레제 샐러드라는 이름으로 짝을 이룬 이 두 녀석은 비주얼만으로는 꽤 상큼한 커플이었다. 아, 토마토는 설탕인데, 라는 생각을 하며 맛을 보았다.

'아!'

예를 들면 멜론과 얇게 저민 돼지고기인 프로슈토를 함께 먹는 것은 머릿속에서는 잘 그려지지 않는다. 그러나 멜론의 단맛을 감싼 짭짤한 프로슈토를 한 입 먹는 순간, 아하! 하고 뇌에 번쩍 불이 들어오던 것처럼, 토마토하면 설탕을 솔솔 뿌려야 제 맛이지, 하던 내 입맛에 몽글몽글한 생 모차렐라치즈와 토마토가 '아!' 하는 즐거운 깨달음을 주었다. 설탕이 운명의 짝이 아니라니. 설탕의 입장에서 보자면 모차렐라치즈라는 강력한 연적이 나타난 셈이다.

그 후로 습관처럼 뿌려 먹던 설탕을 빼고 토마토를 먹어보니, 토마토는 그 자체만으로 달았다. 어린 입맛에는 '너는 과일가게에 발을 들여놓는 게 아니었어'라며 토마토를 타박했지만, 어른이 되어 먹는 토마토는 그 자체로 달고 맛있었다. 굳이 운명의 짝 같은 게 없어도 말이다.

혼자 충분히 즐겁고 행복할 때 짝을 찾으라 했던가. 그 말은 토마토 너에게도 해줄 수 있겠다. 네가 충분히 맛있을 때 잘 어울리는 짝을 다시 찾아봐야겠어.

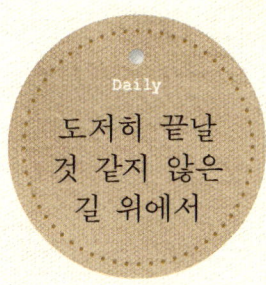

Daily
도저히 끝날
것 같지 않은
길 위에서

애, 모모야. 때로 우리 앞에 아주 긴 도로가 있어. 너무 길어. 도 저히 해낼 수 없을 것 같아. 이런 생각이 들지.

한꺼번에 도로 전체를 생각해서는 안 돼. 알겠니? 다음에 딛게 될 걸음, 다음에 쉬게 될 호흡, 다음에 하게 될 비질만 생각해야 하는 거야.

그러면 일을 하는 게 즐겁지. 그게 중요한 거야. 그러면 일을 잘 해낼 수 있어. 그래야 하는 거야.

_미하엘 엔데, 『모모』에서

그렇게 비질을 하다가 조금 힘들면, 맥주 한 잔을 마시면 돼.
도저히 끝나지 않을 거 같은 시간의 한복판에서
흐르는 땀을 식혀줄 게 뭐가 있겠어?
하얀 거품이 입가에 멋진 수염을 만들고 나면
입안에서 씁쓸한 보리 맛이 느껴지지.
보리도 말이지, 끝날 거 같지 않은 겨울을 나고 싹을 틔우거든.

보리도 말이야, 정말 이 돌덩이 같이 꽁꽁 언 땅을 뚫고
자기가 싹이나 틔워볼 수 있을까, 자기가 보리가 되긴 되는 걸까
수도 없이 의심했을 거야.

의심하면서, 의심하면서, 기대하면서 기대하면서 겨울을 나고
언 땅이 슬슬 풀리면서 흙이 부풀어오르고 싹이 트고
파란 싹을 틔웠겠지. 그렇게 보리는 보리가 된 거야.

다음에 딛게 될 한 걸음만, 다음에 할 호흡 하나만 생각해.

그러면 언젠가 보리가 보리가 되듯, 너는 네가 될 테니까.

맥주 거품

이왕 마실 거면 짝을 찾아 마셔. 믹스 커피는 종이컵에 마셔야 맛있고, 막걸리는 막사발에 마셔야 그 맛이 제대로 빛을 발하듯이 맥주도 제 가치를 빛나게 해주는 잔들이 있거든. 호가든을 마실 때 아래로 갈수록 벽이 두꺼워지는 육각 유리잔을 쓰는 것은 그래야 풍부한 거품이 생기고 넓은 입구에서는 아로마를 느낄 수 있기 때문이지. 발효 과정에서 일반 맥주보다 당분을 분해하는 능력이 강한 효모를 사용해 맥주 내 당분을 제거한 담백한 아사히 수퍼드라이도 자기만의 잔이 있어. 구운 맥아의 은은함과 달콤함이 어우러진 흑맥주 레페 역시 성배 모양의 독특한 잔이 있고. 카푸치노만큼 부드러운 거품이 이 잔에서 제대로 맛을 낸다는 거지.

Daily
몸속의 슬픔을
증발시키는 법

심도 깊은 허기를 달래줄 음식으로는 아주 뜨겁고 칼칼한 국물이 적격이다.

가게 앞에는 커다란 솥에서 부글부글 육수가 끓고 있다. 그 옆에서는 할머니가 칼국수 면을 썰고, 밀가루 반죽을 뚝뚝 떼어 넣는다. 시원한 국물과 푸짐한 양. 면 좀 먹는다 하는 사람들 사이에서 최고의 칼국수로 꼽히는 종로 3가의 할머니 칼국수.

칼국수의 맛은 면발의 반죽과 멸치 국물의 진한 맛에 있다. 멸치 국물의 맛을 살리는 방법은 멸치의 선택과 손질에서 시작한다. 국물용 큰 멸치를 골라 바삭하다는 생각이 들 정도로 잘 말린다. 멸치 대가리와 똥을 똑똑 따버리는 사람도 있지만, 그대로 둔다. 멸치 똥이라 불리는 내장을 제거하면 쓴 맛은 없어지지만 대신 깊은 맛이 떨어질 수 있으니까. 쓴 맛이 싫은 경우 내장만 빼고, 대가리는 함께 넣어 끓인다. 멸치는 은근한 불에서 푹

고아질 정도로 끓이는 것이 중요하다. 팔팔 끓이기만 하면 맛이 우러나질 않는다.『식객』국수 편에서는 국물용 큰 멸치와 함께 디포리를 넣고 끓이면 더 진하고 깊은 국물 맛을 낼 수 있다고 한다. 다만 30분 이상 끓이지 않아야 국물이 맑은 맛을 낸다.

시원한 국물, 이게 다라면 굳이 우울한 날에 할머니 칼국수를 찾아갈 필요는 없다. 다진 양념이 남았다. 이 다진 양념에서 '칼칼한' 칼국수가 완성된다. '칼칼하다'는 것은 얼큰하거나 매콤한 것과는 다르다. 고춧가루로 범벅이 되지 않은 맑은 국물의 정체성은 지키되, 맛에 날카로운 모서리가 있는 것처럼 속을 시원하게 해주는 맛이다.

청양고추로 만든 다진 양념은 냉장고에서 하루 정도 충분히 숙성시키면 깊은 맛이 난다. 다진 양념을 듬뿍 넣고 후루룩 쩝쩝. 얼굴에 후끈 올라오는 뜨거운 김에 눈물이 나고 콧물이 나도 아무도 신경 쓰지 않는다. 그러니 울고 싶다면 칼국수 한 그릇을 쩝쩝거리며 눈물과 콧물을 소매 끝으로 훔쳐내도 된다.

몸속의 슬픔을 증발시키는 방법은 몇 가지가 있다. 첫째는 영화「중경삼림」의 주인공처럼 줄곧 달리면서 몸속의 수분을 증발시키는 것이다. 이 방법은 강도 높은 체력을 요구하고, 심한 탈진 증세를 불러올 수 있다. 좀 더 간단한 방법은 우는 것이다. 슬픔에 몸을 맡기고 그냥 콸콸 울어버리는 것이다. 눈물은 꽉 막힌 몸속에 기운을 풀어주는 훌륭한 치료제니까.

그러나 소리 내어 실컷 눈물 흘릴 곳 하나 없다면 뜨겁고 뜨거운 국물을 핑계 삼아 눈물, 콧물 소매 끝으로 훔쳐내면 된다. 그렇게 조금씩 슬픔을 증발시키다 보면 어느 날, 다시 말갛게 된 나를 만나게 될 테니까.

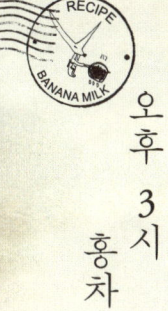

오후 3시 홍차

아침잠을 깨우기 위해 졸린 눈을 비비며 침대에서 마시는 얼리모닝티early morning tea, 아침식사와 곁들이는 브렉퍼스트티breakfast tea, 오전 10시와 11시 사이에 기분 전환을 위해 마시는 일레븐시즈elevenses, 점심식사와 함께 마시는 런치티lunch tea, 오후의 나른함을 쫓기 위해 4시와 5시 사이에 마시는 애프터눈티afternoon tea, 회사에서 업무를 보는 중간에 짧은 휴식을 즐기는 티 브레이크tea break, 오후 6시경 간단한 식사와 함께 마시는 하이티high tea, 제대로 된 만찬에 곁들이는 디너티dinner tea, 저녁식사 후 부푼 배를 잘 소화시키기 위해 마시는 다이제스천티digestion tea, 그리고 잠자리에 들기 전에 마시는 티잔tisane등 티타임은 하루 일과의 부분 부분을 나누어 한 템포 쉬어가게 하는 가벼운 분기점이다.

_최예선, 『홍차, 느리게 매혹되다』에서

이렇게 많은 차를 마셔줄 만한 여유 있는 생은 못되지만, 오후 3시, 애프터눈티는 한 잔 마셔야겠다. 그것도 제일 좋아하는 찻잔을 꺼내, 나를 최고로 대접해주듯이 잘 차려서. 몸속의 슬픔을 증발시키는 데 홍차 한 잔도 때로 조력자가 될 수 있으니까.

이왕 갖출 수 있다면 차도구들까지 잘 차려놓아도 좋겠다.
티포트는 원형이 많은데 원형 모양이라야 열대류가 자연스럽게 이루어져 잘 우려진다. 내열유리로 된 티포트는 빛깔 고운 허브티를 우려낼 때 사용하면 좋다. 티포트를 곱게 감싸는 티코지까지 있다면 한껏 차려입은 기분이 든다.
티스푼은 찻잎의 양을 측정하거나 차를 블렌딩하는 데 필요하다. 티캐디는 차를 담아두는 차통이다. 아름다운 그림과 디자인이 많아서 다 먹은 뒤에도 모아둔다. 티타이머는 차의 종류나 찻잎의 크기에 따라 우려내는 시간이 달라지기 때문에 차 우리는 시간을 잴 때 필요하고, 티스트레이너는 찻잎을 걸러주는 도구다. 여기에 3단 티트레이까지 차려놓으면, 우아한 애프터눈 티타임을 즐길 수 있겠다.
애프터눈티는 홀로 마시기 위해서가 아니라 귀족들의 화려한 사교를 위해 태어났다. 점심과 저녁 사이의 허기를 달콤한 티트레이 위의 핑거샌드위치와 스콘, 케이크와 같은 티푸드로 달래며 그들은 우아한 말들의 즐거움 속을 노닐었을 것이다.
그러나 나는 혼자 침묵 속에 티타임을 즐긴다. 보통날의 작은 사치를 부리면서.

**거절당한다는 것,
익숙해지지
않는 것**

거절당한다는 것은 꽤 유쾌하지 않은 일이다.
상대가 좋아하는 남자든, 간절히 원하는 대학이든, 그토록 들어가고 싶은 회사든, 그 무엇이든 말이다.
"No!"라는 말을 면전에서 들어야 하는 일이니, 얼굴 화끈 달아오르고 입 바짝 마르는 게 당연하다. 괜찮은 척, 아무렇지 않은 척해도 마음은 푹 꺼진 달걀찜마냥 한없이 위축된다.

처음 거절을 당할 때는 견딜 수가 없다. 그러나 거절도 조금 익숙해지면 이깟 것쯤은 예상했지, 한 번에 오케이 날 거라고는 생각도 안했어, 하는 두둑한 배짱도 생긴다. 그러나 그것은 짐짓 그런 체하는 것일 뿐. 거절당하는 것은 언제나 마음에 총을 맞는 일이니까.

정중히 당한 거절은 그나마 낫다. 거절당하는 상대의 마음을 배려해서 상

대가 조금이라도 미안해하며 거절당할 때는 그래도 견딜 만하다. 그러나 한없이 기고만장한 자세로 질근질근 껌 딱지 씹어 뱉듯, 담배꽁초 짓뭉개듯 거절당할 때면 마음의 파편이 사방으로 튄다.

예의란 다른 사람에 대한 존중에서 비롯된다. 다른 사람의 마음을 헤아려주는 것. 하지만 힘의 관계에 들어서면 대개 강자는 예의라는 단어 같은 건 아침에 집에서 나올 때 애완견에게 던져주고 나오는 성싶다.

그러니까 약자인 나는 하루에도 몇 번씩 강자의 무례함에 아연실색한다. 그의 무례함은 힘에서 나온다. 약자인 내가 참다 참다 못해 분개하여 한 번 폭발하면 "아, 내가 그랬어? 몰랐어"(그 뒤에 따라 붙어야 할 '미안해'는 생략되는 경우가 많다)라고 한다. 이렇게 응대하는 사람은 그나마 예의 꼬랑지라도 있는 편이다. 대개의 강자는 내 항변과 분노에 아무런 반응조차 보이지 않음으로 뼛속 깊이 약자인 나를 더 무시하는 경우가 다반사니까. 나는 약자로서의 비애를 질겅질겅 씹는다.

사실, 오늘도 난 거절을 당했다.
세상은 나에게 왜 이토록 자주 No라고 말하는지.
이 No가 쌓이고쌓이고 쌓일 때면, 나를 몰라보다니, 참 당신 불쌍하오, 나를 놓치다니, 참 당신 애석하오, 라고 썩 웃어줄 수 있는 긍정의 힘 같은 건 스르륵 사라진다. 거절의 경험이 축적되면 내가 그렇게 형편없는 사람인가, 내가 그렇게 별 볼일 없는 인생인가 싶어져서 한없이 작아지게 된다.

술 못하는 나도, 이런 날은 술 한 잔이 생각날 지경이다.

딱 맥주 한 잔이면 기분이 풀릴 거다. 그러나 지금 나는 혼자고, 혼자 가서 맥주 한 잔을 마셔도 비루해지지 않을 곳이 필요하다.

튀김

　푹 꺼져 작아진 마음아 '부풀어라, 부풀어라' 주문을 외우듯, 잘 부푼 달걀찜에 소주 한 잔.

　또는 추적해진 마음에게 '바삭해져라, 바삭해져라' 하고 주문을 외우며 바구니에 가득 담은 튀김에 맥주 한 잔. 그 어느 것이든 찌그러지고 납작 눌린 마음이 원상복구 되는 데 좋은 조력자가 될 듯하다. 얇은 튀김옷이 바삭하게 튀겨진 튀김과 맥주 한 잔, 떡볶이 한 그릇을 함께 먹을 수 있는 곳으로는 홍대 '미미네' 집이 있다. 숟가락으로 국물을 떠먹을 수 있게 떡볶이 국물 인심이 넉넉해 떡볶이 국물을 안주로 맥주 한 잔을 할 수도 있지만, 역시 맥주에는 튀김. 여러 개 덥석덥석 주워 먹어도 속이 느끼해지지 않는 얇은 튀김옷이 마음에 드는 곳이다. 상수역 튀김집 '삭도 큼직한 튀김으로 입소문난 집. 가위로 잘라 먹어야 할 만큼 덩치 큰 튀김 몇 개면 요기도 가능하다. 제 아무리 높은 칼로리 수치를 들이대며 위협해도 마음 추적대는 날, 고소한 기름 냄새가 마음을 잡아당기는 것을 거부하기는 힘들다.

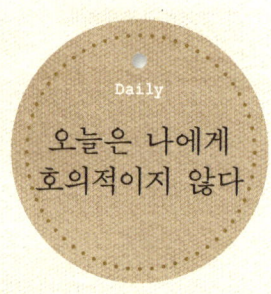
Daily
오늘은 나에게
호의적이지 않다

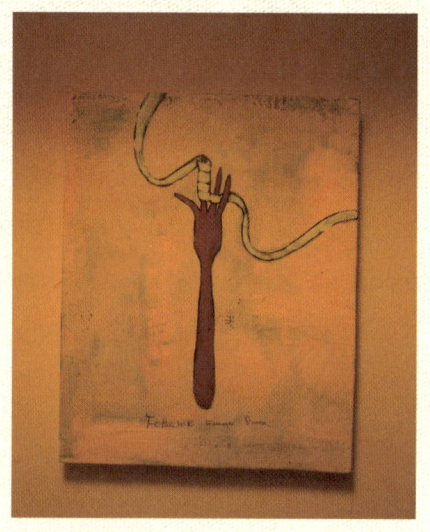

달려갔을 때, 버스는 기다렸다는 듯이 떠나버린다. 네가 그렇게 짧은 다리로 숨이 턱에 닿도록 뛰어오는 모습을 '자알' 구경했다는 듯이, 코앞에서 떠나버린다. 한참을 기다린 다음 이미 출근자들로 꽉 찬 버스에 겨우 몸을 비비고 들어가 선다. 자기 영역 싸움을 하듯 엉덩이와 어깨로 밀어내는 사람들 틈에서 찌그러져서 회사 앞까지 무사히 당도한다. 또 늦었네, 하며 엘리베이터 앞으로 슬라이딩 하듯 미끄러져서 닫히려는 엘리베이터를 겨우 붙잡아 올라타 그제야 깊은 숨을 내쉬니 '삑-' 소리가 울린다. 조금 움찔거려 자리를 움직여봐도 '삑삑' 소리는 여전하다. 모두 무언의 목소리로 나를 지목하고 있다. 뒤통수에 꽂히는 시선의 따가움을 견디지 못한 나는 내려서 옆의 엘리베이터를 기다린다.

"또 오늘은 무슨 천재지변이 발목을 붙잡으셨나요?" 하는 부장의 상냥한 비아냥거림을 들으며 스르르 녹아내리듯 의자에 앉아 서둘러 컴퓨터를 켜고 바삐 일에 착수하는 척한다. 양계장의 난종용 닭처럼 늦은 밤까지 눈부신 형광등 불빛 아래서 작성한 서류를 부장에게 제출해 보이니, 얼마 후 하이톤 목소리와 함께 공중으로 산산이 날아가는 A4용지의 서류들이 보인다. 부장의 서류 날리는 솜씨는 하루하루 발전해가고 있다.

점심시간, 방전된 배터리처럼 밥집에 앉아 백반을 주문하니 퉁명스러운 아저씨는 밥그릇을 내 앞에 탁 소리 나게 던져놓고 몹시 난폭하게 반찬 그릇을 테이블 위에 뿌려놓는다. "오천 원짜리 백반 먹으면서 뭐, 내가 친절하기까지 바라는 거야?"라고 말하듯 주인아저씨의 불친절은 당당하다.
밥은 언제 담아둔 것인지 모르게 짓눌려서 떡져 있고, 밥이 어디로 넘어가는지 알 수도 없이 식당 안은 점심시간에 맞춰 우르르 떼로 들어온 회

사원들의 아우성으로 가득하다.
초점이 맞지 않는 졸린 눈으로 모니터를 들여다보며 나른하고 권태로운 오후 근무를 시작할 즈음 퀵 아저씨가 몇 번이나 회사 위치를 물으며 짜증을 낸다. 회사에 도착한 퀵 아저씨는 뭐 이렇게 외진 곳에 있냐며, 한참 찾았다면서 들어오면서부터 툴툴거리며 서류 봉투를 건네준다.

오늘은 나에게 호의적이지 않다. 모든 시간들이 나에게 날 서 있다. 모든 시간들이 나에게 불쾌함을 드러낸다. 특별히 내가 뭐 해코지한 것도 없는데, 나에게 몹시 호의적이지 않은 날들이 있다.

사르르 녹아내리는 것, 이 뻑뻑했던 하루, 목구멍에 걸려 채 넘어갈 것 같지도 않은 오늘의 마지막을 부드러운 마카롱이나 얼그레이 무스와 같은 것들로 달래줘야겠다.
퇴근길에 빵집에 들어서니 빵 냄새로 그득하다. 나의 빵집 주인아저씨는 푸근한 얼굴로 눈웃음을 지었고, 기분 좋은 인사 몇 마디를 건넨다. 나는 고전적인 단팥빵과 소보로빵에서부터 팽 드 캉파뉴, 시트롱, 시바앙 호두봉까지 빵 숲의 사이사이를 거닌다. 나를 보며 방긋방긋 웃어주는 너희들, 심지어 고혹적인 자태로 나를 바라보는 녀석들. 한결 기분이 좋아진다.
고맙다, 나에게 이토록 호의적인 당신들. 나도 당신들만큼만 누군가에게 호의적인 존재였으면 좋겠다.

기다란 베이글

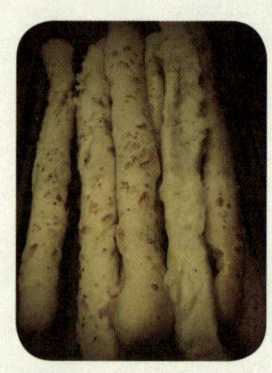

질경질경 씹히는 질감, 오래오래 씹어도 질리지 않는 담백함.

베이글은 달걀·우유·버터 등을 넣지 않고, 밀가루·이스트·물·소금만으로 만든다. 또한 반죽을 끓는 물에 한번 데쳐서 겉을 익힌 후 굽기 때문에 담백하다 못해 심심한 빵이다.

사실 내게 위로가 되는 빵은 이렇듯 무심한 빵이다. 입안 가득 부드럽고 달콤한 무엇으로 꽉 채워주는 빵이 아니라 그저 심심하게, 등을 툭툭 쳐주고 말 뿐인 그런 무심한 빵.

옷도 갈아입지 못한 채, 신발을 벗고 바로 소파에 앉아 사 들고 온 베이글을 질경질경 씹는다. 동그란 베이글 말고 요즘 새로 드나드는 동네 빵집에서 파는, 바게트처럼 기다란 베이글을 한 개 들고 하염없이 씹고 또 씹다 보면, 호의적이지 않았던 하루가 준 피로감이 조금씩 걷힌다. 무언가 씹는 행위는 별거 아닌 동작 같지만, 몽롱하고 무거운 머리를 깨워주는 효과가 있다.

1.
"매일매일 반복하는 일이 즐거워요. 매일매일 반죽하고 매일매일 피자 굽고. 매일매일."
매일 아침마다 피자를 반죽하고, 화덕에 구워내는 화덕 피자집의 대장장이는 그렇게 말한다.

작은 가게에서 매일 빵을 만드는 아저씨는 또 이렇게 말한다.
"빵이 얼마나 팔리는지, 오늘은 빵이 얼마나 안 팔리고 남았는지 그걸 보기 시작하면 빵 만들 힘이 없어져요. 그냥 좋아하는 빵을 만드는 것, 언젠가 내가 이토록 좋아하는 빵을 다른 누군가도 좋아하게 되길 바라면서 매일매일 빵을 만들어요."

2.
정약용 선생님께

매일매일.
새해 첫 다이어리에 올해의 나를 이끌어줄 사자성어를 적었습니다.
매일매일.
무언가를 하기로 했으면 매일매일 해보자,
일기를 쓰기로 했으면 매일매일 써보고, 피아노를 배우기로 했으면
매일매일 연습해보자, 뭐 이런 뜻으로요.

매일매일이 얼마나 어려운 것인지, 나이 들수록 알게 되거든요.
그게 얼마나 무서운 것인지 말입니다.

똑똑 떨어지는 물방울이 바위를 뚫는 비법이 무엇인지 알지만
나는 실제로 똑똑 매일매일 무언가를 뚫고 있지 못합니다.

선생님이 촌부村夫인 제자 황상에게 했다는 말을 읽었습니다.

"대저 둔한데도 계속 천착하는 사람은 구멍이 넓게 되고, 막혔
다가 뚫리면 그 흐름이 성대해진단다. 답답한데도 꾸준히 연마

하는 사람은 그 빛이 반짝반짝하게 된다. 천착은 어떻게 해야 할까? 부지런히 해야 한다. 뚫는 것은 어찌하나? 부지런히 해야 한다. 연마하는 것은 어떻게 할까? 부지런히 해야 한다. 네가 어떤 자세로 부지런히 해야 할까? 마음을 확고하게 다잡아야 한다."

둔한 자신을 한탄하고 있는 그에게, 답답한 자신에 절망하고 있는 그에게 해주신 이 말이 그에게는 얼마나 따뜻했을까요?

가끔 정말 좋아서 시작한 일인데, 금세 포기하고 싶은 마음이 듭니다. 계속, 천착할 힘이 없어서, 실수하고 또 해도 꾸준함으로 부딪칠 용기가 없어서 아예 시작조차 하지 않는지도 모르겠습니다. 갑자기 또 내 용기 없음보다 더 큰 문제는 꾸준하지 못한 얇디얇은 인내심은 아닐까 싶습니다.

매일매일 밥을 먹듯, 매일매일 꾸준히 해나가는 일, 그런 일이 결국 나를 만들어가겠구나, 하는 생각이 들어, 매일매일. 이 네 자를 오늘은 마음에 새겨봅니다.

화덕 피자

전기 화덕은 금지, 장작 화덕이어야 하며, 온도는 485도, 형태는 둥근 모양, 반죽은 손으로, 크러스트 두께는 2센티미터 이하, 피자 가운데는 두께가 0.3센티미터를 넘어서는 안 된다. 토핑은 토마토소스와 치즈만 사용한다.

깐깐한 요구 사항이 붙는 걸 보니, 자긍심이 넘쳐나는 녀석임에 틀림없다. 겉은 바삭하고 속은 쫄깃한 나폴리식 피자는 이런 조건을 내걸고 있다.

반죽 한 덩어리를 순식간에 둥글게 펴고 그 위에 토마토소스를 둥글게 바른 후 토핑을 얹는다. 일련의 과정이 끝나면 커다란 삽으로 날렵하게 피자를 떠서는 가마 안으로 집어넣는다. 그 과정에 군더더기 동작이란 없다. 수없는 반복의 시간 끝에 손에 익어버린 일들이 그렇듯이 군살이 붙을 곳이 없다.

그렇게 구워져 나온 피자는 먹음직스럽게 투박하다. 화덕 피자에서 생명은 토핑이 아니라 쫄깃한 도우다. 그 담백하며 쫄깃한 도우는 마치 '한 판 정도는 아무렇지 않잖아? 어서 해치워'라고 하는 것 같다.

불과 시간의 맛. 나폴리 화덕 피자는 자긍심으로 가득 차 있다.

Daily
잘 있나요,
어제의 당신에게

1.

누군가 내 책상 위에 커피를 두고 갔다.
어제 퇴근할 때 퉁퉁 부은 내 눈을 본 누군가일까?
아무 쪽지도 없이 덩그러니 놓인 커피를 두 손으로 감싸니
따뜻하다.
두 손으로 커피를 감싸고 잠시 누군가가 나눠준 온기를 느껴본다.

2.
어제의 내가 울고 있다.

어제의 나를 모른 척하고 지나갈 수도 있지만
오늘의 나는 어제의 나에게 어깨를 빌려준다.
그러면 어제의 나는 더 크게 운다.
오늘의 나는 어제의 나의 어깨를 두 팔로 감싼다.
울어, 다 울고 말갛게 돼라.

그 어제의 나는 여덟 살의 나이기도 하고
열다섯의 나이기도 하며
스무 살의 나이기도 하다.

아직 채 흘려보내지 못한 슬픔과 아픔을 안고
아직도 내 안에서 어두운 그림자를 드리우고 있는
어제의 나를 볼 때가 있다.

어제의 나와 가끔 인사가 필요하다.

흘려보내지 못한 슬픔이 있다면

아직도 손에 꼭 움켜쥐고 있는 분노가 있다면
어디 즈음에서인가 내려놓기.
어디 즈음에서인가 웃기.
어디 즈음에서는 괜찮아질 때가 오니까.

때때로
아주아주 바쁘더라도
가끔씩 어제의 나에게 안부를 묻는다.
어제의 나는 잘 지내는지,
어제의 나를 모른 척 내팽개쳐두면
언젠가 그의 검은 슬픔이 오늘의 나를 짓누를 수 있으니까.

돈코쓰 라멘

뼛속까지 구멍이 숭숭 뚫릴 것처럼 한기가 드는 날은 돈코쓰 라멘을 먹기 위해 상수역 골목길을 파고 들어간다. 후쿠오카 시 동부에 위치한 항구도시 하카타는 돈코쓰 라멘이 시작된 곳이라고. 하카타역에서 얼마 멀지 않은 곳에 위치한 하카타 포장마차 거리(야타이 거리)는 하카타의 명물. 이곳에서 파는 라멘들이 우리가 한국에서 먹는 돈코쓰 라멘의 원조라 전한다. 돼지 뼈를 푹고아 만든 수프가 베이스가 되는데, 설렁탕보다 맛이 진하고 기름기가 많다. 항구도시니까 뼛속을 후비는 칼바람이 불었을 테지. 그 바람을 견디려면 이토록 진하고 기름진 국물이 필요했을 거다.

가게에 오는 손님은 각양각색이었으나, 전체적으로 공통되는 점이 있었다. 앞뒤로 한 치의 여유도 없는 삶의 현실에서 잠깐이라도 한숨을 돌리고 기분을 전환하고 싶어한다는 것이다…… 피차 현실과 술래잡기를 하고 있는 듯한 사람들끼리 느끼는 일종의 친밀감, 그리고 감싸주는 듯한 정다운 눈빛으로 초밥을 만드는 손놀림과 차 마시는 모습을 서로 바라보곤 했다.

_오카모토 가노코, 『초밥』에서

앞뒤로 한 치의 여유도 없는 삶에서 잠깐 숨 돌리는 사람들은 작은 가게 안에 들어서서야 까칠한 마음의 외투를 벗는다. 그리고 옆자리에 앉아 무표정한 얼굴로 잔치국수를 후루룩거리는 사람을 보면 그 사람에게도 그냥 따뜻한 눈인사라도 보내고 싶어질 지경이다. 때때로, 사람들에게는 말 못할 사연이 있고, 누구나 좀 고단한 하루를 보냈고, 누구나 좀 위로받고 싶다는 걸 기억나게 해주니까.

어스름해지는 시간, 골목으로 스멀스멀 기어들어간 사람들은 그 집 앞에서 하나둘 줄을 서고, 라멘 국물이 진하게 우러나오는 냄새를 맡으며 즐거운 기다림을 음미하고 있다.

"いらっしゃいませ(어서 오세요)!"

나무 격자문을 드르륵 열고 손님이 들어올 때마다 요리사들은 기차 화통을 삶아 먹은 양 대찬 소리로 인사한다. 라면집은 그들의 반복되는 음악 같은 인사 소리에 한층 에너지로 넘친다. 긴 줄의 기다림 끝에 가게로 입성한 사람들은 감격스러운 얼굴로 자리에 앉아 바로 주문에 들어간다.

"인라멘 하나요."

육수가 진한 인라멘을 시켰다. 이 집에는 인라멘과 청라멘 두 가지가 있고, 육수가 조금 더 진한 쪽이 인라멘이다. 깔끔하게 기름기를 조절한 라멘이 청라멘. 둘 다 돼지 뼈를 우린 육수로 만드는 돈코쓰 라멘. 그러니 실상 이 집의 메뉴는 돈코쓰 라멘 하나밖에 없는 거다. 아, 간장 소스로 얇게 조리된 차슈가 입안에서 살살 녹는 차슈 덮밥도 있다. 차슈란 돼지고기를 양념장에 재워 구운 것이다. 면을 딱 맞는 타이밍에 삶아 꺼내고 진하게 우려낸 육수를 붓고 송송 썬 파와 아삭거리는 숙주, 으깬 마늘을 곁들인다. 거기에 기호에 따라 통마늘을 으깨어 넣어 느끼함을 잡아준다.

이 단출하기 짝이 없는 라멘 한 그릇을 먹고자 긴 줄을 서서 기다렸다.

기다려서 더 맛있는 건지, 맛있어서 기다리는 건지, 이 둘의 함수관계는 아직도 알 수 없으나 기다림이 있어서 '더' 맛있는 건 확실하다.

상수역 극동방송국 옆 골목, 언제나 긴 줄이 늘어서 있는 라멘집 하카다분코 역시, 그 골목이 아니라면 그 정취를 뿜어낼 수는 없을 듯하다.

Travel
여행

Travel
내 인생에게
너무 미안하잖아

더 멀리, 더 오래, 더 멋지고 멋진 긴 여행을 떠날 수 있다면 좋겠지만
단 하루만이라도 즐거운 여행을 떠날 수 있다면
그거면 된다.

오랜 세월 단 하루의 멋진 날도 누려보지 못한 사람들도 참 많으니까.
단 하루의 달고 단 쉼을 맛보지 못하는 사람들도 숱하니까.

어느 날, 갑자기
누군가에게 어느 멋진 하루를 선물해준다면, 하는 생각이 들었다.

평생 고생하신 엄마를 생각한 날이었을 거다.
마음은 세계여행을 시켜드려도 정작 현실에서
단 하루의 여행도 시켜드리지 못한 게 마음에 걸렸다.

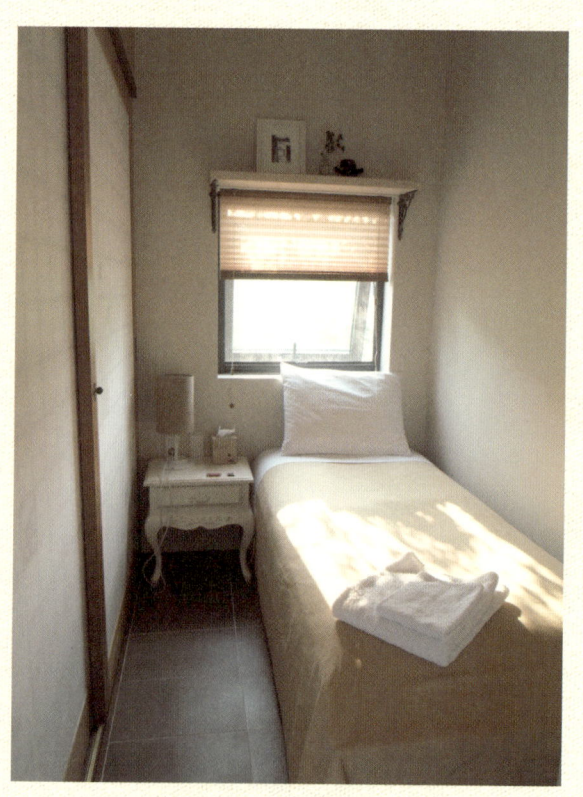

224°

오랜 친구와 떠나는 하루 여행도 좋겠고,
이제 좀 닳아버린 오래된 가족이어도 좋겠고,
아니면 나를 위해 어느 멋진 하루를 선물해도 좋겠다, 싶었다.

어느 멋진 하루를 위해 필요한 것은 많지 않지만
꼭 준비돼야 할 것이 있다.

우선 햇볕이 잘 들고 바람도 잘 드는 곳,
걸어도 걸어도 다리 아픈 줄 모르게 아름다운 길이 있고,
맛있는 음식이 있어야 한다.
그리고 하룻밤을 묵어야 한다면
아주 달고 깊은 잠을 잘 수 있는 깨끗하고
햇볕 냄새가 나는 이불보가 깔린 침실도 필요하다.

그 멋진 하루를 맛없고 말라빠진 반찬으로 망치고 싶지는 않으니까.
그 멋진 하루를 눅눅하고 냄새나는 이불 때문에
헝클어뜨리고 싶지는 않으니까.

어느 멋진 하루 정도는 나한테 선물해줘도 괜찮으니까.
멋진 하루의 기억조차 갖지 못한다면

나한테 너무 미안하니까.
내 인생에게 너무 미안하니까.

아다지오 파스타

공항 가는 길, 조용한 주택단지 안에 있는 햇볕 잘 드는 게스트 하우스. 보송보송 잘 마른 이불이 있고, 자작나무로 만든 따뜻한 부엌이 있고, 작은 텃밭이 있는 집. 주인장은 오랫동안 비행기를 타고 세계를 누비던 승무원이었고, 어느 날 이탈리아에서 요리를 배웠다. 그리고 그곳에서 지금 곁을 지켜주는 남편을 만났다. 이 두 사람이 부엌에서 파스타를 만들어주기도 하고 가르쳐주기도 하는 곳.

문득 간결하고 맛있는 파스타가 먹고 싶거나 훌쩍 여행 떠나고 싶은 마음에 공항에서 뜨고 지는 비행기를 하염없이 보는 날이나, 하루쯤 여행자가 되어 낯선 방에서 길고 단 잠을 자고 싶거나, 아침에 일어나 크루아상에 오렌지 주스, 따뜻한 커피 한 잔을 침대에서 받아 먹고 싶을 때. 그런 소소한 여행의 즐거움을 만끽하고 싶을 때 찾아가면 마음 한구석에 켜켜이 쌓인 떠나고 싶은 욕망이 조금쯤 느슨해진다.

Travel
언젠가,
이 말은 말자

남도 끝에서 임진각까지,
청도의 청보리밭과 은갈치떼 펄떡이는 제주 바다,
바람소리 가득한 대나무 숲과 누런 밀밭 길,
붉은 황톳길 지나 짙고 푸른 편백나무 숲으로
우리 그렇게 걷자

초가집에서 하룻밤
멋진 한옥에서 하룻밤
달빛 아래 조막만한 텐트 안에서 하룻밤
그렇게 숱한 날들을 길 위에서 함께하며
오래오래
함께 살아갈 멋진 기억의 끈을 만들자

가진 것 없어도
심장에 푸른 바다 하나쯤 넘실거리게

가진 것 없어도
심장에 눈 시린 산자락 하나쯤 펼쳐놓게

가진 것 없어도
심장에 풍경들이 찰랑이게

책을 펼치니 툭 하고 종이 접은 게 떨어진다.
언제 쓴 것인지도 모를 편지.
누구에게 보내려던 편지일까.
우리 언젠가
언젠가, 그래, 또 언제?

지금 가자.

오이 샌드위치와 에그샌드위치

오후 3시. 슬쩍 허기가 지는 시간. 남은 하루를 위해 사소한 사치를 부려도 좋은 시간. 홍차에 스콘이나 핑거샌드위치를 곁들인다. 통인동 홍차 살롱에서 홍차를 마시던 어느 날 슬쩍 곁들여 나온 오이 샌드위치를 먹었다. 두툼하게 무언가 잔뜩 채워 넣은 샌드위치가 아니라 손가락만 한 이 샌드위치에는 그저 크림치즈와 오이뿐이었는데, 그 간결함이 좋았다. 어디 훌쩍 여행갈 때 가지고 가면 좋겠다, 생각이 들었다. 오이는 얇게 저며 썰고, 식빵 한쪽 면에 크림치즈를 바른다. 그리고 썰어놓은 오이를 얹으면 그걸로 완성. 햄, 치즈를 넣기도 하지만, 그냥 오이와 크림치즈만으로도 부족함이 없다.

좀더 두둑한 샌드위치가 필요한 날엔 원서동 '동네카페'에서 먹은 에그샌드위치를 흉내 내본다. 달걀과 양파 다진 것을 마요네즈에 버무리고, 토마토와 양상추를 깔고 버터를 바른 식빵에 차곡차곡 얹으면 끝. 불쑥 여행을 떠나는 날, 도시락으로 싸들고 가기 좋은 간단한 샌드위치들.

알랭 드 보통 씨

우울할 때면 히스로 공항으로 가 2번 터미널에 있는 전망대나 북쪽 활주로 변에 있는 르네상스 호텔의 꼭대기 층에서 비행기가 끊임없이 뜨고 내리는 것을 보며 마음을 달래곤 했다지요.

당신의 그 말에 혹해, 어느 우울한 날 공항을 찾았어요.

커다란 비행기들이 일렬종대하고 있는 모습, 이제 막 사람들을 한가득 태우고 날아갈 준비를 하는 비행기들, 활주로를 달려, 뒤도 돌아보지 않고 하늘로 날아가는 비행기들.

그러게요. 이렇게 큰 창으로 한 편의 영화를 보듯 무심하게 하늘로 치솟는 비행기들을 바라봤어요. 비행기가 주연과 조연을 맡은, 세상의 모든 떠나고 싶은 자들에게 보내는 영상편지 같은 그런 영화요.
오히려 비행기 안에 타고 있을 때는 차마 보지 못했던 풍경들이죠.
떠날 수 있던 날에는 볼 수 없던 풍경들.

그 둔중한 물체가 하늘로 떠오를 때, 그때 가슴에 박하사탕처럼 화하게 전해지는 희열. 심장을 얽고 있는 넝쿨 같은 것들이 스르륵 비행기 꼬리에 달려 날아가는 기분이 들었어요.

알랭 드 보통 씨, 고마워요.
당신이 가르쳐준 공항 여행법이 꽤 약효가 있다는 걸 인정해야겠어요.
이 세상 밖, 다른 세상이 있다는 걸 가끔씩 기억해야겠어요.

떠날 수 없는 날에도, 잊을 수 없는 날에도.

완탕면

낯선 나라의 공항에서 내린 순간, 다른 색감과 다른 기후와 다른 냄새들이 뒤엉켜 막연한 설렘으로 심장은 쿵쾅쿵쾅 떨렸다. 이미 흥분해서 목소리는 두 톤쯤 높아지고 잡아온 지 한참 된 고등어 눈빛마냥 풀려 있던 눈은 반짝이기 시작한다. 차를 타고 달리거나 나와는 다르게 생긴 낯선 사람들 속을 누비기 시작하면 이미 겨드랑이가 가려워지면서 자유의 날개가 돋기 시작한다. 유창한 언어의 달인이 아니라면 사람들의 소리도 BMG 정도로 들리고, 아무 것도 나의 사유를 방해할 만한 것들은 없다. 그리하여 이제 해방자가 된 나는 어느 노천카페에만 앉아 있어도 봄처녀 치맛자락마냥 가슴이 살랑살랑 흔들릴 거다.

그러나 떠날 수 있는 날보다 떠날 수 없는 날들이 더 많다.
알랭 드 보통이 공항에 가 마음을 달랜다면 나는 마음을 달래줄 밥집을 찾는다.

늘 기다리는 사람들로 북적인다는 홍콩의 완탕면 명가 청키면가. 4대째 60년의 세월을 이어가고 있는 이 작고 소박한 가게가 한국에도 있다. 홍콩 본점에서 파견된 요리사가 주방을 담당하고, 홍콩에서 비행기로 공수한 계란면은 꼬들꼬들하고 고소하다.

돼지고기와 새우가 들어간 만두인 수교를 올린 수교면과 따뜻한 국물을 붓고 새우 덤플링을 올린 새우 완탕면이 대표적인 메뉴다. 먹는 방법 하나. 흰 후춧가루와 적식초를 넣고 핫소스인 라조장을 기호에 맞게 넣어 먹는다.

짜장로미엔은 매콤달콤한 특제 장에 볶은 돼지고기를 면 위에 올려 비벼 먹는 메뉴. 눈에 띄는 재료는 초이삼과 카이란. 홍콩과 광둥 지역의 대표적인 채소다. 유채나물처럼 부드럽고 기름지며 고소한 맛이 난다. 기름에 볶은 채소를 굴 소스에 찍어 먹는다.

Travel

흠뻑 빠지기

1.
컴퓨터가 과부하 걸리고
머릿속도 과부하 걸리고
인생마저 과부하 걸려
도대체 꼼짝할 수 없을 때
홋카이도에 내리는 흰 눈을 떠올린다.
사락사락, 마치 얼음이 부서져 흰 눈꽃이 되듯이
사락사락 온 세상을 덮어버리는 흰 눈.
잠시 팥빙수 한 그릇을 먹으며
잠시 마음은 흰 눈으로 가득한 홋카이도로 여행을 떠난다.
눈을 감고, 잠시만.

2.

> 자, 여러분, 나는 여러분에게 데생을 가르치려 한 것이 아니라, 단지 보는 것을 가르치려 했다는 것을 잊지 마십시오. 두 사람이 클레어 시장에 걸어 들어간다고 해봅시다. 둘 가운데 하나는 반대편으로 나왔을 때도 들어갔을 때보다 나아진 것이 없습니다. 하지만 다른 사람은 버터 파는 여자의 바구니 가장자리에 파슬리 한 조각이 걸려 있는 것을 보고, 그 아름다움의 이미지들을 간직하고 나왔습니다. 그는 일상적인 일을 하는 과정에서 오랫동안 그 이미지들을 자신의 일에 반영시킬 것입니다. 나는 여러분이 그와 같은 것을 보기 바랍니다…… 러스킨은 빨리, 그리고 멀리 여행하고 싶어하는 소망이 한 곳에서 제대로 된 기쁨을 끌어내지 못하기 때문이라고, 즉 바구니 가장자리에 걸린 파슬리의 작은 가지 하나처럼 세밀한 데서 기쁨을 끌어내지 못하기 때문이라고 생각했다.
>
> _알랭 드 보통, 『여행의 기술』에서

바다를 바라보기 시작한 지 30분도 안 되어 사람들은 무언가를 하고 싶어한다. 스노클링을 하거나 수영이라도 하거나 그도 아니면 모래사장에서 게임이라도 하지 않으면 그 멈춰버린 시간을 견디지 못한다.

아주 작은 데서 충만한 기쁨을 맛보는 일을 한 번도 경험해보지 못했기 때문이겠지. 한 번도 젖어들지 못했기 때문이다.

러스킨이라는 화가의 말처럼 늘 멀리 여행하고 싶어하는 열망은 사실 이 곳에서 기쁨을 끌어내지 못하기 때문이겠지. 아주 작은 데서 기쁨을 끌어올릴 수만 있다면 그렇게 지금, 여기를 못 견뎌하지는 않겠지.

홋카이도의 흰 눈 빙수

이곳은 맥주 맛도 최고지만
젖어들기에도 최고네요.

_영화 「안경」 가운데

오기가미 나오코 감독의 영화 「안경」을 다시 봤다. 아직 여름이 오기 전 한적한 바닷가에는 나무로 지은 작은 가게 하나가 있었다. 그곳의 메뉴는 오직 하나, 빙수다. 봄이면 이 바닷가를 찾아와 빙수 가게를 여는 사치에 씨의 빙수 가게에서 사람들은 손에 빙수 한 그릇씩을 들고 바다를 바라보며 빙수를 먹는다. 얼음 장수는 빙수 값으로 얼음을 주고 가고, 아이는 종이로 접은 인형을 주고 간다. 어떤 사람은 만돌린 악기로 연주를 해주고 빙수 값을 대신하고, 어떤 사람은 채소 한 아름을 빙수 값으로 치른다.

그들은 빙수를 먹으며 젖어든다. 아무것도 하지 않고, 바다 끝 수평선에 젖어들고, 풍경에 젖어들고, 삶에 젖어든다.

젖어들려면, 무언가에 흠뻑 빠지려면, 너무 바빠서는 안 된다.
너무 바빠서는, 머릿속에 수많은 잡무로 가득 차서 아무것에도 젖어들 수 없으니까.

벼르고 별러서 먼 길을 떠난다.
언제 다시 올지 알 수 없는 여행을 하고 있노라면
뷔페에 온 것처럼 모든 것을 다 집어 먹을 듯이
여행지를 샅샅이 뒤질 기세로 덤빈다.

하지만 언제나 그렇듯
세상의 모든 길을 다 걸어가볼 수는 없다.
마음속에 출렁이는 말을 모두 다 뱉어낼 수는 없는 것처럼.

돌아보면 아쉬웠던 순간 없이 살아가기란,
내게는 그렇게 살아가기란 불가능해 보인다.
돌아보면 아쉬웠던 순간들이 하늘에 별이 박혀 있듯 콕콕 박혀 있다.

까만 밤하늘 별들을 보며 생각한다.
혹시, 차마 하지 못했던 말들, 차마 가지 못했던 길들,
차마 만나지 못했던 사람들이 내가 지나온 시간에
저렇게 별처럼 콕콕 박혀 있는 게 아닐까.
그래서 그런 아쉬움에 지난날들이 더 그리운 게 아닐까.

아쉬운 거 하나 없이 산 인생도 있을 것이다.
그러나 내 인생은 아쉬운 게 좀 많다.

아쉬운 게 많아서 억울하고 복장 터지는 게 아니라
아쉬운 게 많아서 그리움이 많은 오늘.

그리워하기 위해 아쉽게 남겨두고 오는가.
누군가 그랬다.
여행을 가면 돌아와서 아, 거기도 가봤어야 하는데,
아, 그것도 먹어보고 왔어야 하는데, 하는 탄식과 함께
여행지의 시간을 그리워한다고.
그래서 아쉬운 거 하나씩 남겨두고 와야 한다고.

사람이니까, 제 아무리 완전정복의 기세로 여행지를 누비고 다녔다 해도

아쉽게 이별한 순간, 아쉽게 놓쳐버린 순간,
아쉽게 헤어진 순간이 왜 없을까.

지금 한 장의 사진을 보고 있다.
프랑스 바닷가 니스에서도 또 버스를 타고 달려가야 나오는 마을,
산 위에 지어진 마을 에즈의 산버랑 끝에 있던 레스토랑이다.
산 위에 지어진 마을에는 숨바꼭질하듯 곳곳에 보석 같은 공방들이
들어서 있고, 카페가 있고, 오르골 가게가 있다.
그리고 그 마을의 끝자락, 바다와 마주한 등대 같은 레스토랑이 있었다.

남대문 시장 같던 니스의 시장에서 빈대떡 같은 갈레트 한 장 먹으면서도
유로를 원화로 계산해가며 벌벌 떨었던 때라
사진 속의 레스토랑에는 차마 들어가지 못했다.

사진을 보며 생각한다.
저기서 바다를 보며 식사를 했어야 했다, 거리에서 노숙을 했을지언정,
저기서 내 인생의 빛나는 식사를 하고 왔어야 했다.
오늘 사진 속 그 레스토랑이 그립다.
그 바다가 그립고, 종일 산동네를 아래위로 누비며
구경하던 시간이 그립고, 만지작거리기만 하고

덥석 사오지 못했던 작은 오르골이 그립다.
맛있는 건 구경만 하고 아이스크림만 하나 사서 쭐쭐 빨던
시간이 그립고, 버스를 놓쳐 하염없이 서 있던 시간이 그립다.

아쉬워서 그리운 것들,
혹여 한번 다시 찾을 날이 있겠거니, 그렇게 그리워하며
사진 한 장 품고 사는 거. 심장에 그런 아쉽고 그리운 순간들을
사진 한 장처럼 품고 사는 거. 그게 꼭 바보 같기만 한 일은 아닌 듯하다.

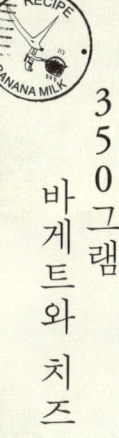

350그램 바게트와 치즈

차마 레스토랑에는 가보지 못했지만, 매일 아침 일찍 일어나 마치 프랑스 사람처럼 블랑제리에 줄을 섰던 건 잘 한 일이었다. 맛있는 빵 냄새도 좋았지만, 그곳 사람들 사이에 끼어 빵을 사고, 빵 냄새와 함께 시작하는 설레는 아침을 맞이할 수 있었으니까. 잘 구워진 바게트 한 덩이를 끼고 숙소로 돌아와 빵과 커피를 먹었다. 전날 사둔 치즈와 함께.

좋은 빵에서는 설탕이 전혀 들어가지 않아도 희미하게 달콤한 냄새가 나고 잘랐을 때 단면에 구멍이 어느 정도 일정하지 않게 나 있어야 한다. 단면의 구멍이 너무 큰 것은 반죽이 잘 치대지지 않은 것이기 쉽다. 그러면 먹을 때 잼이 접시 위로 흘러버릴 수 있다.

반면 구멍이 너무 작은 것은 발효 시간이 충분하지 않은 것으로 맛과 질감 모두 그다지 만족스럽지 않을 수 있다. 나는 껍질이 바삭바삭하고 맛있는 빵을 좋아한다. 하지만 이것은 빵의 굽는 시간에 따라 달라지기보다는 그 지역의 기후 상황에 따라 달라지는 경우가 많다.

_로베르 아르보, 『오늘의 행복 레시피』에서

바게트는 소맥분으로 구워내기 때문에 빵 껍질은 바삭바삭하고, 빵을 잘랐을 때는 속에 원형의 기공이 많다. 보통 구워낸 뒤 8시간이 지났을 때 가장 맛있는 상태가 된다고 한다.

프랑스 사람들은 '프랑스 빵'이라 불리는 바게트의 품질을 유지하기 위한 조건을 법률로 정해놓았다. 꽤 까다로운 사람들이다. 1993년 9월 13일 '전통 바게트'에 관한 법률을 제정했는데, 반드시 첨가물이 들어가지 않은 전통 밀가루 Type 65를 사용하고 반죽할 때 개량제 등을 사용하지 않고 수작업으로 성형해야 한다는 것이다. 그 무게까지 정해놓고 있는데 350그램의 반죽을 오븐에 넣어 굽는 과정에서 10퍼센트 정도의 수분이 날아가 315그램의 바게트가 나와야 제대로 된 프랑스 바게트라고 정했다.

바게트와 함께 먹었던 치즈는 에담과 카망베르, 그뤼에르.

에담은 사과처럼 빨간 껍질을 두른 치즈다. 보존 기간을 늘리기 위해 은색 파라핀 코팅한 것으로 쫀득쫀득 씹히는 질감에 고소한 맛이 좋은 이 치즈는 다른 치즈에 비해 지방 함유량이 낮다.

카망베르의 표면을 덮고 있는 하얀 껍질은 흰곰팡이다. 와인 안주로 그냥 먹어도 좋고, 바게트 한쪽에 치즈 한 점을 올려 우걱우걱 씹어 먹어도 좋다.

그뤼에르는 스위스 치즈로 조직이 단단하지만 잘 녹기도 해서 에멘탈과 함께 퐁듀에 쓰이는 대표적인 치즈이다. 그라탱이나 샌드위치 등에도 잘 어울린다.

프랑스에서는 귀한 손님이나 중요한 모임을 갖는 자리에서는 적어도 세 종류 이상의 치즈를 내어놓는 것이 예의라고 한다. 하지만 이 자리에서 치즈를 너무 많이 먹게 되면 그날 식사가 부실했음을 의미하므로 치즈는 적당히 먹어야 하는 것 또한 예의라니, 차려야 할 예의도 참 많다.

Travel
정독도서관
등나무 아래서

등나무 아래에서는 등나무처럼 푸릇한 젊음들이 속삭이고 있다.
등에 가득 지고 온 책은 언제 펴볼지,
손을 꼬옥 잡고
때로 무릎베개를 하고 누워
푸른 여름과 가을 사이의 시간 속에 더할 나위 없는
환한 얼굴을 하고 있다.

아이스티같이 청량한 그들의 시간을 엿보며
나도 따라 벙싯 웃는다.
나의 스무 살은 저렇게 청량하지 못했었는데.
나의 스무 살은 무릎베개도 못했는데,
지금도 이토록 무겁네.
무슨 세상 짐을 다 지고 가는 것처럼 누렇게 뜬 얼굴로 살고 있을까.

아이스티

어느 더운 날, 한 차 상인이 늘 마시던 뜨거운 홍차에 얼음을 넣었다. 우아하게 뜨거운 차를 홀짝거리기에 태양은 너무 뜨거웠으니까.

괜찮군, 괜찮아. 달달한 시럽을 넣으니 더위에 쩍쩍 갈라진 심장에 꽃이 필 듯했다.

세상에 처음 등장한 얼음을 넣은 홍차. 사람들은 뜨거운 홍차의 차가운 매력에 맹렬히 빠지고 말았다.

얼음 한 개를 물고 보니, 견디기 힘든 더위도 잠깐 견뎌볼 수 있었을 테니까.

누렇게 뜬 얼굴로 혼자 세상 짐 다 진 듯 찌들어 있는 날, 청량한 아이스티 한 잔. 짧은 소품 같은.

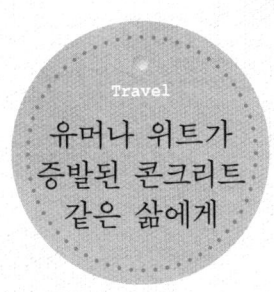

1.

그의 유머 감각이 서서히 마비되고 있는 듯하다.
그는 원래 조금도 웃기지 않았지만,
이제는 자기가 웃기지 않은 것을 뛰어넘어
남들의 유머에도 발끈하는 진지한 얼굴로 응수한다. 이런, 어쩌려고.
웃음기가 싹 가신 그의 얼굴은 콘크리트 벽 같다.
표정 없는 그의 얼굴은 지루하다.
같은 공간에서 함께 일하다 보면 숨이 턱턱 막힐 때가 있다.

상황을 비틀어 생각하기, 일의 틈새를 들여다보기.
반전의 묘미를 즐기기, 반듯하고 꽉 막힌 것의 허점을 치고 들어가기.

유머나 위트란 그렇게 콘크리트 같은 삶에 가벼운 펀치를 날리며

이 무겁고 집요하고 고단한 삶의 무게를
한 번씩 훌훌 잊어버려주는 건데.

그런 유머나 위트가 없다는 건, 마치 근육이 서서히 굳어져가는 것처럼,
유연한 세포들이 죽어가는 일이다.
가끔 나도 모르게 나의 유연한 세포들도 세월에 찌들어
굳어가는 것을 볼 때가 있다.

2.
필립 스탁의 레몬즙 짜는 기구를 보았다.
이 도구의 디자이너는 수도 없는 멋진 디자인 제품들을 생각해냈지만,
거미 같이 생긴 레몬즙 짜는 기구에서는 그의 유쾌한 감각을
더 잘 들여다볼 수 있다. 거미나 주꾸미 머리 같은 부분에 레몬 반 개를
갖다 대고 지그지 돌려가며 누르면 즙이 그 온몸을 타고 흘러내린다.

레몬즙만 착실히 짜내는 기구들보다 비싸기는 훨씬 비싸고,
효율적이지는 못한 이 물건이 이토록 오래 사랑받는 건,
사람들이 이 작은 물건을 통해 웃기 때문이 아닐까 싶다.

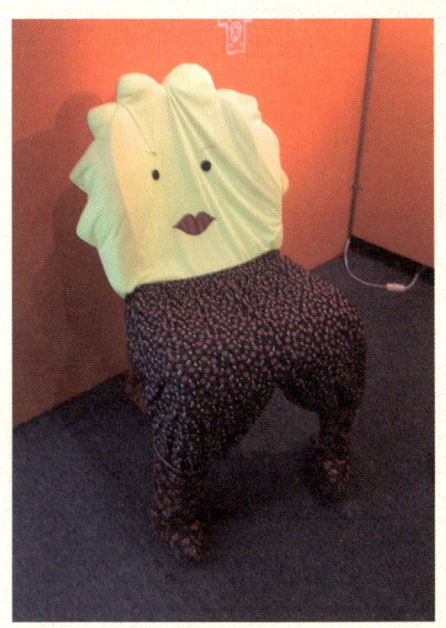

누군가를 웃게 한다는 것, 누군가 때문에 내가 웃는다는 것,
이건 참 대단한 일이니까.

너무 지루한 오후에는 레몬을 두서너 개쯤 짜서,
코끝이 찡한 탄산수와 시럽을 넣고 쨍한
레모네이드를 한 잔 만들어 먹는다. 나른하고 몽롱했던
온몸의 세포들이 정신을 화들짝 차리게 되니까.
그리고 내가 이 지루한 세상을 닮아 너무 지루해지고 있지는 않은지,
나의 위트와 유머 감각도 말라 비틀어져
근엄한 얼굴로 살아가고 있지 않은지 잠깐 생각한다.

레모네이드

달리는 어느 날 카망베르 치즈처럼 녹아내린 자신의 삶을 보면서 그의 대표작 「기억의 지속」을 그렸다. 사막 위에 시계들이 고깃덩어리처럼 축축 늘어진 그 그림.

카망베르 치즈처럼 녹아내린 삶을 그처럼 그려낼 수 없는 나는 레몬을 두세 개쯤 짠다. 보통 한 개면 되지만 강력하게 감전될 필요가 있는 날이니까. 레몬즙을 싸서 물과 꿀을 넣고 얼음을 넣는다. 톡톡 튀는 맛을 원한다면 물 대신 탄산수 한 병을 붓는다. 진한 레모네이드를 한 잔 마시면 온몸의 늘어진 세포가 통통 튀는 것 같은 기분이 든다. 축 늘어져서 약해진 면역체계를 뚫고 침입하면 감기도 거뜬히 막아낼 수 있겠지.

Travel

아무렇지
않은 날의 여행

보들레르는 가끔 리스본에 가는 꿈을 꾸었다. 그곳에 가면 따뜻하겠지. 그리고 나는 도마뱀처럼 햇볕 속에 몸을 쭉 뻗고 힘을 얻을 수 있겠지. 그곳은 물과 대리석과 빛의 도시였으며, 사고와 평온에 도움이 되는 도시였다. 그러나 그는 포르투갈에 대한 환상을 품는 것과 거의 동시에 혹시 네덜란드가 더 행복하지 않을까 의문을 갖기 시작했다. 그러자 다른 생각들이 밀려왔다. 자바나 발트 해, 심지어 북극은 어떨까? 그곳에 가면 그늘 속에서 목욕을 하며 유성이 북극 하늘을 가로지르는 것을 볼 수 있을 텐데. 사실 목적지는 문제가 아니었다. 진짜 욕망은 떠나는 것이었다. 그가 결론을 내린 대로 "어디로라도! 어디로라도! 이 세상 바깥이기만 하다면!" 어디로라도 떠나는 것.

_알랭 드 보통, 『여행의 기술』에서

늘 여기가 아닌 곳에서는 잘 살 것 같은 느낌. 그렇게 늘 떠나지 못해 안달한다. 사는 게 느슨하면 느슨할수록, 딱히 전도유망한 미래가 보이지도 않을 때면, 백마 탄 왕자는 번지수를 잘못 찾아간 것 같고, 아무리 잠자고 있어도 왕자의 마법의 키스 같은 건 기미조차 없을 때면, 발목을 잡고 있는 현실의 세계를 벗어던지고 그 어느 곳으로든 가고 싶다.
낯선 곳에 간다는 그 자체만으로도 세포들은 다시 생기를 얻으니까.

그러나 떠날 수 있는 날보다 떠날 수 없는 날들이 더 많다.
그렇기에 서점의 여행 서적 코너에는 떠나지 못해 안달 난 사람들로 북적이는 거겠지. 떠날 것도 아니면서 새로 나온 여행 서적을 족족이 사들이는 친구가 있다. 떠나고 싶을 때마다 여행 서적을 펼쳐 여행지의 사진을 들여다보면서 그 풍경 속을 하루에도 몇 번씩 걸어보는 것이다.

언젠가 꼭 떠나야지. 그 잠깐의 설렘, 그 잠깐의 포만감, 그 잠깐의 기대들이 버무려져 잠시나마 행복하다.

떠나고 싶을 때면 공항에 가서 활주로를 달려 날아가는 비행기를 본다던 알랭 드 보통처럼, 나는 떠나고 싶은 날 가고 싶은 곳의 음식을 파는 레스토랑을 찾아간다.
떠나고 싶은 마음을 달래는 작은 위로라도 되니까.

카레

　　여행처럼 음식도 중독이 되는 거라면 이 음식은 확실히 중독성이 있다. 카레다. 동대문의 작은 가게 '에베레스트'는 외국인들이 더 많이 찾는 카레 가게다. 그래서 이 작은 가게에 들어서면 정말 네팔이나 인도에라도 온 느낌이 든다. 동대문 번잡한 거리에서 이 가게를 찾아 헤매다보면 어느 지점에선가 카레 향이 물씬 풍겨나는 골목을 만나게 된다. 이곳만의 독특한 향이 있는 곳. 주인장도 서빙 보는 사람도 모두 네팔 사람인데, 손가락으로 대충 메뉴판을 가리키면 알아서 척척 가져다주니까 여기에서까지 영어 안달증을 낼 필요는 없다.

　　음악과 색감, 향기 모두 이국적인 이곳에서 시금치 치즈 카레와 탄두리, 난을 주문한다. 화덕에 거칠게 구워 나온 난을 따뜻한 밥처럼 질겅질겅 씹어 먹을 때면 기분이 편안해진다. 카레는 인도 요리의 기본인 만큼 맛도, 종류도 다양하다. 정향, 코리앤더, 너트메그, 커민, 블랙 페퍼콘 등을 섞어 만든 인도식 종합

향신 양념인 가람 마살라와 요구르트를 넣는 것이 특징이다.

일본식 카레가 먹고 싶을 때면 홍대의 작은 창고 같은 카페를 찾아간다.

손으로 또박또박 써내려간 주인장의 카레 레시피를 읽고 나면 카레 한 그릇을 안 먹고는 배길 수가 없다. 나는 이런 주인장이 만든 카레라면 맛이 없으려야 없을 수 없다는 확신을 가지고 카레를 한 그릇 주문한다.

다행이다. 카레 한 그릇이 오늘의 떠나고 싶은 욕망을 다독거려줘서.

사소한 하루를 살아가는 나는
사소한 일에 분개하고
사소한 일에 설레며
사소한 일에 마음 무너지고
사소한 일에 눈물 닦는다.

나는 무수한 사소함으로 살아간다.

나무를 버티게 해주는 잔뿌리들처럼. 그런 사소함으로.

나를 견디게 해주고 나를 버티게 해주는 사소함들에게 인사한다.

안녕,
사소한 밥들아, 사소한 기억들아, 사소한 얼굴들아

그 사소함으로 나는 오늘도 잘 견디고 있다.
나는 오늘도 살아가고 있다.

사소하게 웃고, 울고, 무너지고, 희망하며.

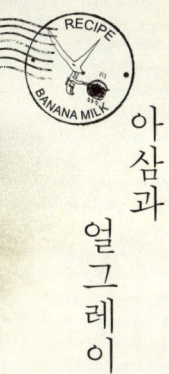

아삼과 얼그레이

대보름이 뜬 아름다운 밤 설탕과 우유를 타지 않은 플레인 티에 달빛을 비추고 스푼으로 천천히 저어서 한 모금 마신다. 그렇게 하면 홍차의 요정이 당신의 사랑을 이루어준다.

_야마다 난페이, 『홍차왕자』에서

『홍차왕자』라는 만화를 읽으며 그 말이 뻔히 사실이 아니라는 걸 알면서도 슬쩍 달빛이 찬란한 밤에 스푼으로 천천히 홍차를 저어 한 모금 마시던 기억이 난다.

어느 대보름날 장난스럽게 주문을 외자 홍차 속에서 벌레처럼 '뽀르륵 뽀록' 소리를 내며 홍차 요정들이 짠 하고 나타났다. 스푼 위에 올라설 만큼 작은 홍차의 요정, 아삼과 얼그레이다. 만화 속 홍차 요정인 아삼과 얼그레이는 대표적인 홍차 이름이다. 요정 아삼과 얼그레이는 생김새까지 각자의 홍차 분위기와 썩 잘 어울린다. 아삼은 인도 북동부 지방의 세계 최대 홍차 생산지이

자 세계 3대 상표 가운데 하나다. 1823년 영국인에 의해 발견된 최초의 인도 홍차인 아삼은 이후 여러 차례 품종 개량을 통해 향은 부드럽고 타닌의 함유량이 많아졌다. 이 때문에 검은빛을 띤 적갈색 홍차다.

반면 얼그레이는 19세기 영국의 수상 그레이 백작에게 진상된 차라는 뜻에서 '얼그레이'라는 이름을 가지게 됐다. 얼그레이는 홍차에 베르가모트 향을 입힌 것으로, 독특한 향과 맛으로 널리 사랑받고 있다.

홍차 요정이 정말 사랑을 이루어주는지 홍차 한 잔을 끓여 마시며 시험해 보는 것도 좋겠지. 홍차는 물에서 홍차의 맛 성분을 추출하는 음료이기 때문에 물의 성질과 온도가 매우 중요한 포인트다. 홍차를 끓이기에 가장 적합한 물은 산소가 많이 함유되어 있고 냄새가 나지 않는 물이다. 물의 온도가 중요한 것은 홍차는 기본적으로 말린 잎차이기 때문이다. 말린 잎은 뜨거운 물에서 풀어지며 고유의 맛을 우려낸다. 홍차의 떫은맛 성분인 타닌은 90도 이상의 온도에서 우러나는 성질이 있으므로 떫은맛을 줄이려면 100도의 펄펄 끓는 물이 좋다.

Travel
소풍
끝내는 날

나 하늘로 돌아가리라
아름다운 이 세상 소풍 끝내는 날,
가서, 아름다웠더라고 말하리라

_천상병, 「귀천」에서

그러게.
이 생이 소풍 온 거라면
김밥 한 줄에도 마냥 설렐 텐데.

소풍날, 김밥 하나면 더 바랄 게 없으니까.

친구들과 웃고 뛰노는 것,
그게 즐거운 소풍이니까.
서로 김밥 하나씩 나눠 먹으면서 웃고 떠들다 가는 것.

하지만 자꾸 커가면서
이상하게 소풍 온 것처럼 살아지지가 않는다.
여기서 천년만년 살 것처럼
그악스럽게, 거머쥐고, 움켜잡고, 쌓아두려고 한다.

김밥 한 줄과 친구들만으로 행복해하던 소풍의 기억은 어디 갔는지.
소풍 떠나는 날의 설렘은 어디에 구겨 넣고 사는지.

손가락 김밥과 삼각김밥

이 생에서 평생 살 것처럼 그악스럽게 살고 있는 내가 빤히 보이는 날, 참을 수 없는 무거움을 떨치기 위해 소풍 가기.

김밥 한 줄을 싸들고 공원에 나간다.
속이 가득 들어 한 입에 채 넣기도 어려운 김밥 말고, 한 입에 쏙 들어가는 손가락 김밥을 싸서.
광장시장에서 유명한 마약김밥 같은 손가락 김밥 말이다.
준비물은 간단하다. 김과 단무지, 당근, 참기름, 소금, 통깨.
밥은 참기름과 소금 간을 하고, 단무지와 당근은 얇게 썰어놓고, 당근만 달군 팬에 볶다가 소금으로 간한다. 김은 4등분해서 손바닥만 하게 만들고, 밥 1큰술을 올려 골고루 편다. 여기에 당근과 단무지를 올려서 돌돌 만다. 돌돌 만 김밥에 참기름을 바르고, 겨자에 간장, 식초, 설탕, 물을 섞어 겨자장을 만든다. 겨자 대신 고추냉이도 좋다.

이것마저 번거로울 때는 삼각김밥 두어 개면 족하다.

얼마간 우울했다면 바람과 햇볕이 부족했을 것이다.
아니면 속 든든히 할 밥심이 부족했을 것이다.
그러니, 간결한 밥과 함께 거저 부는 바람과 햇볕에게 신세 좀 져야 한다.

Travel

묘비 앞에서

1.
누군가의 묘비 앞에 서 있다.
따뜻한 피와 따뜻한 살을 입고 살았던 당신이
지금은 차가운 돌비석 하나로 서 있다.

그 돌비석에 새겨진 당신의 이름과 당신의 삶을 간추린 한 구절로는
당신을 알 수가 없다.

아마도 당신이 사는 동안 만나고
사귐을 나눈 사람들 속에 새긴 구절 속에서야
당신이 얼마나 근사했던 사람인지,
당신이 얼마나 포근했던 사람인지,
알 수 있겠지.

나는 오늘 누군가에게 내 삶의 한 구절을 새기며 산다.
사람은 사람에게 기억되니까, 사람은 사람에 의해 지워지니까.
한 생을 여행하면서 누군가의 마음에 새기는 비문,
어떤 문장을 새기며 살아가고 있을까.

2.
final notice.

독촉장이 날아 들 거다.
문득문득 살면서.

숨이 턱 막히게.

살면서 숨 막히는 일 종종 있겠지만

생의 마지막 독촉장을 받아들 때는
숨 막히지 않았으면
두려워 떨지 않았으면
좋겠다.

생의 마지막 독촉장을 받고서
너무 초라해 있거나
너무 무참한 기분이 들지 않았으면 좋겠다.

한 생, 잘 빌려 쓴 시간들아,
이제 이 생을 돌려주고 간다, 하고
인사 나눌 여유가 있었으면 좋겠다.

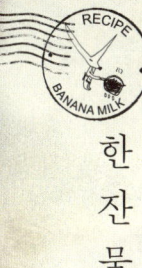

한
잔
물

사람은 사람의 가슴에 남는다니까, 물 한 잔처럼 기억되면 좋겠다.
사막 같은 시간을 지날 때 만난 물 한 잔 같은 사람.

Travel
아침부터
울음을 참는 날

1.
전철을 타고 가면서 책을 펼쳐 들었는데
활자는 하나도 눈에 안 들어오고 눈에 자꾸 눈물이 맺혔다.
앞에는 사람들이 주르륵 앉아 있는데
책을 펼쳐들고 눈물을 줄줄 흘리고 있으면
아무래도 창피할 것 같아 아닌 척 손으로 눈물을 찍어냈다.
그러자 이번에는 콧물이 나오기 시작했다.

휴지는 없고, 코를 또 연신 훌쩍 훌쩍 훌쩍.
내가 옆에 있는 사람이라면
아, 거 듣기 불편하네. 코를 좀 시원하게 풀든지,
하고 생각할 게 분명하다는 생각에
마음은 점점 더 불편해지기만 했다.

참 나, 눈물은 나고 머릿속에서는 앞 사람 옆 사람이
어떻게 생각하는지까지 생각하느라 바쁜 아침이었다.

문득 그런 생각이 들었다.
이렇게 흔들리는 전철 안에, 모두 무심한 얼굴로 흔들리며 가고 있는
이 네모난 차량 안에는 나처럼 울음을 참고 있는 사람들이 있겠구나.
나처럼 콧물 훌쩍이며 연신 울음을 참아내는 사람들도 있겠구나.
잘못 건드리면 제대로 펑펑 울어줄 사람들이 있겠구나.

그때 뜨겁고 진한 커피 한 잔이 생각났다.
달고 부드러운 휘핑크림을 가득 얹거나 포근한 이불처럼
마음을 덮어주는 우유 거품을 올린,
그도 아니면 달디단 아이스크림과 함께하는 진한 에스프레소.

2.

고단했던 하루의 끝,
뜨거운 욕조에 몸을 담그거나 따뜻한 차 한 잔을 목구멍으로 넘길 때, 기
분 눅진눅진한 날 온몸을 휘감는 따스한 햇볕 아래서 조용히 볕을 쪼이고
있을 때, 세상은 다시 '많이 지쳤구나, 이제 좀 쉬어'라거나 '괜찮아. 모든

것이 다 잘될 거야'라고 속삭여주는 듯하다.

수많은 위로와 격려의 말보다 때로 심하게 가격당한 마음을 일으켜주는 것은 두 팔을 벌려 안아주는 그 '무엇'들이니까.
그것은 사람의 손길이기도 하고, 따뜻한 커피 한 잔이나 욕조에 받아둔 뜨거운 목욕물, 부드러운 강아지의 털이기도 한, 살갗에 와 닿는 특별한 온기다. 세상의 냉기에 심장 한쪽이 헛헛해지는 때, 누구나 특별한 온기, 살갗에 닿는 접촉을 갈구한다. 손을 잡아주거나 아무 말 없이 어깨를 두드려주거나 두 팔 벌려 안아주는 그런 것들.

하지만 어른이 되면 두 팔 벌려 안아주는 일 같은 건 잘 하지 않는다. 어렵게 손을 뻗어도 어깨나 슬쩍 두드려줄 뿐이지. 가끔은 두 팔로 꼭 안아줬으면 싶을 때가 있다. 엄마가 안아줬듯이, 아빠가 안아줬듯이. 세상에 두려운 건 아무것도 없다는 듯이 꼭 안아주던 두 팔.

그런 온기가 그리워서 사람들은 뜨거운 욕조에 들어가거나 강아지를 안고 소파에 드러눕거나 진하고 뜨거운 커피 한 잔으로 따뜻한 무엇이 몸 속으로 흘러 들어가는 것을 느끼는 게 아닐까 싶다.

아포가토

　아포가토를 마신다. 아포가토affogato, 이탈리아어로 '끼얹다' '빠지다'는 뜻이다. 아이스크림 위에 에스프레소를 붓거나 에스프레소에 아이스크림을 넣어 먹는 디저트다. 쌉싸래한 에스프레소 안에 담긴 달콤한 아이스크림. 이 둘은 근사한 조화를 이룬다. 쌉쌀함과 달콤함, 차가움과 뜨거움. 서로 다른 세상이 동시에 입안으로 들어온다. 설명할 수 없는 고단한 마음이 녀석들에게 위로받는다. 울음을 터뜨릴 것 같은 마음에 아포가토가 살짝 얹히는 것처럼.

Travel
부치지 못할 편지,
나는 잘 있어요

1.
흰 눈이 내렸다.
캠핑 갔던 그날 아침, 눈 뜨자마자 소복이 쌓여 있던 흰 눈을 봤다.
아직 아무도 일어나 밟지 않은 하얀 눈.
하얀 눈 한 줌을 코펠 그릇에 담아 버너에 올리고 물을 끓였다.
봉지커피를 하나 뜯어서
한 줌의 흰 눈이 녹아내린 물에 휘휘 풀었다.
아무도 깨어 있지 않은 아침의 흰 눈 커피.

2.
가끔,
아주 가끔씩,

잘 살고 있는지
문득, 궁금하다.

나는
잘 있다.

나는
잘 지낸다.

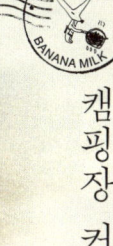

캠핑장 커피

예전엔 믹스 커피와 라면만으로도 캠핑이 즐거웠지만, 지금은 그 정도로는 성에 차지 않는 우아한 캠핑족들이 많아졌다. 캠핑장에서도 인스턴트커피 대신 드립커피나 에스프레소를 마시는 즐거움을 누리기 위한 캠핑 도구들이 속속 등장하고 있으니까.

모카포트는 캠핑장에 들고 가기 좋은 튼튼한 녀석이다. 남성적인 외모도 그렇고 어디를 들고 다녀도 든든한 체력까지 갖추고 있다. 진한 에스프레소 한 잔이라면 모카포트를, 드립커피라면 스테인리스스틸 재질의 캠핑용 드리퍼를 추천한다. 손 안에 꼭 잡히는 홀쭉한 핸드밀로 커피콩을 갈아서 스테인리스스틸 드리퍼에 커피콩을 담고 뜨거운 물을 부으면 산, 숲, 강 어디에 있든 멋진 나만의 작은 텐트 카페를 열 수 있다.

지난해를 동여매는 마지막 날,
나는 퍽이나 쓸쓸했다.
퍽이나 내 삶에 미안했다.

올해만큼은 내게 와준 시간들을 그렇게 쓸쓸하게 보내고 싶지 않았다.
그렇게 빚진 마음으로 보내고 싶지 않았다.

나는 그저 허름한 오늘이든, 시시한 오늘이든 하루씩, 하루씩
내게 온 시간들과 행복하고 싶었다.
때때로 찾아오는 견디기 힘든 시간들과도 잘 지내보고 싶었다.

서로 토닥이고 끌어안아주면서, 때로는 으르렁대면서.
울고 웃고 화내고 기뻐하면서, 사는 것처럼 하루하루.

그래서 올해의 마지막이 되는 날,
지난해 마지막 날처럼 쓸쓸함에 짓눌리지 않았으면 한다.
내게 온 시간들에 큰 웃음을 지으며 이렇게 말하고 싶다.

"고마워. 내게 와준 시간들아. 우리 괜찮았지?"

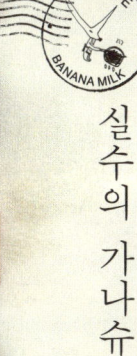

실수의 가나슈

　19세기 파리의 한 과자 공장에서 수습생이 실수로 초콜릿에 끓는 우유를 붓고 말았다. 엄청난 실수를 저지른 수습생을 본 선생은 얼굴이 붉으락푸르락 변해서는 "가나슈!" 하고 소리 질렀다. "이 바보야, 이 멍청아"라고. 그런데 맛을 보니 부드럽고 좋았단다.

　쇼콜라티에들이 사랑하는 가나슈는 이렇게 세상에 태어났다. 가나슈는 다크초콜릿과 생크림을 2대 1의 비율로 섞은 것인데 초콜릿뿐 아니라 케이크에도 많이 쓰인다. 초콜릿과 생크림이 섞인 직후에는 24시간 동안 숙성 과정이 필요하다. 18~20도, 습도 50퍼센트 미만이라는 까다로운 조건을 유지하면서 24시간을 기다리면 입안에서 부드럽게 녹는 가나슈가 탄생한다.

　올해도 실수투성이였다. 그래도 이렇게 실수하고 실수하고, 미안해하고 미안해하면서 언젠가는 괜찮아지겠지, 기대하면서 또 슬쩍 희망하면서 가야지.

　어제의 실수투성이 당신, 너무 걱정 말아요.

　언젠가 꽤 괜찮은 인생이 돼 있을 테니까요.

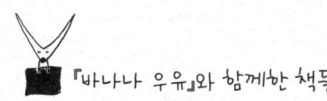

『누들 로드』, 이욱정, 예담, 2009년 출간
『친구』, 스텐 톨러, 한상복 옮김, 위즈덤하우스, 2007년 출간
『작지만 확실한 행복』, 무라카미 하루키, 김진욱 옮김, 문학사상사, 2001년 출간
『모모』, 미하엘 엔데, 한미희 옮김, 비룡소, 1999년 출간
『홍차, 느리게 매혹되다』, 최예선, 모요사, 2009년 출간
『초밥』, 오카모토 가노코, 뜨인돌, 2006년 출간
『노서아가비』, 김탁환, 살림, 2009년 출간
『여행의 기술』, 알랭 드 보통, 정영목 옮김, 이레, 2004년 출간
『오늘의 행복 레시피』, 로베르 아르보, 조동섭 옮김, 나비장책, 2006년 출간
『홍차왕자』, 야마다 난페이, 대원씨아이, 2008년 출간
『세상에서 가장 아름다운 편지』, 빈센트 반 고흐, 박홍규 옮김, 아트북스, 2009년 출간
『백석 시 전집』, 백석, 흰당나귀, 2012년 출간
『시』, 천상병, 평민사, 2007년 출간
『하늘과 바람과 별과 시』, 윤동주, 보물창고, 2011년 출간
『말랑말랑한 힘』, 함민복, 문학세계사, 2005년 출간
『제국호텔』, 이문재, 문학동네, 2004년 출간

바나나 우유
그리움으로 찾아낸 50가지 음식의 기억
ⓒ 김주현 2013

1판 1쇄・2013년 8월 14일
1판 2쇄・2014년 6월 30일

지 은 이・김주현
펴 낸 이・정민영
책임편집・박주희
편   집・손희경
디 자 인・이현정
마 케 팅・이숙재
제 작 처・한영문화사

펴 낸 곳・(주)아트북스
브 랜 드・앨리스
출판등록・2001년 5월 18일 제406-2003-057호
주   소・413-120 경기도 파주시 회동길 216 2층
대표전화・031-955-8888
문의전화・031-955-7977(편집부) 031-955-3578(마케팅)
팩   스・031-955-8855
전자우편・artbooks21@naver.com
트 위 터・@artbooks21
페이스북・www.facebook.com/artbooks.pub

ISBN・978-89-6196-141-7   03810

• 값은 뒤표지에 있습니다.
• 잘못된 책은 구입하신 서점에서 교환해 드립니다.
• 이 도서의 국립중앙도서관 출판시도서목록(CIP)은 서지정보유통지원시스템
  홈페이지(http://seoji.nl.go.kr)와 국가자료공동목록시스템(http://www.nl.go.kr/kolisnet)에서
  이용하실 수 있습니다.(CIP제어번호: CIP2013013476)